LA VERDAD ACERCA DEL BAUTISMO

(Un estudio sobre bautismo y lenguas)

Para mis padres:
Louis y Evelyn Goldstein

Marie Betancourt,
Traductora de la versión al Español

ISBN-13: 978-0692703526
ISBN-10: 0692703527

Traducción Alternada de la Biblia (TAB) ©
Sheila R. Vitale, Traductora

Living Epistles Ministries
Sheila R. Vitale
P O Box 562
Port Jefferson Station, NY 11776-0562 USA
631-331-1493

Living Epistles Ministries
(Ministerios Epístolas Vivientes)
Sheila R. Vitale
Pastora, Maestra, Fundadora
PO Box 562
Port Jefferson Station, NY 11776 USA

LA VERDAD ACERCA DEL BAUTISMO

(Un estudio sobre el bautismo & las lenguas)

Es una transcripción editada y mejorada

Del mensaje:

LEM Mensaje #113

**Editado y adaptado como libro
Sheila R. Vitale**

La verdad acerca del bautismo

(Un estudio sobre el bautismo y las lenguas)

Es una adaptación de LEM Mensaje **#113, The Truth About
Baptism**. Fue transcrito y editado para mayor claridad, continuidad
del pensamiento, y por Puntuacion.

El LEM Transcripción y edición de Equipo

Living Epistles Ministries
(Ministerios Epístolas Vivientes)
~ Filosofía Espiritual Judeo-Cristiana ~
Sheila R. Vitale
Pastora, Maestra & Fundadora

Personal del Ministerio
Anthony Milton, Maestro (New York)
Brooke Paige, Maestra (New York)
Jesse Aldrich, Anciano (Mcgregor, MN)
Sandra Lee Aldrich (Gervais) (1975-2021)
Margaret Mobolaji-Lawal, Anciana (Lagos, Nigeria)

Personal Administrativo
Susan Panebianco, Gerente de Oficina

Personal Editorial
Rose Herczeg, Editora

Personal Técnico
Lape Mobolaji-Lawal, Administrador de Base de Datos

Ilustrador del Ministerio
Cecilia H. Bryant (Oct. 18, 1921 – Oct. 23, 2013)
Fidelis Onwubueke

Personal de la Música
June Eble, Singer, Letrista y Clarinetista
Don Gervais, Singer, Letrista y Guitarrista
Rita L. Rora, Singer, Letrista y Guitarrista

Tabla de Contenido

PROLOGO I

INTRODUCCION III

TRES ETAPAS DEL BAUTISMO PARA LA MENTE CARNAL 1

DOS ETAPAS DEL BAUTISMO 3

CON EL ESPÍRITU SANTO 3

LA MALDICION SOBRE BABEL INVERTIDA POR EL 5

ESPIRITU SANTO 5

JESUS UNGIDO 7

VISTIENDONOS DE CRISTO 9

EL BAUTISMO DE JUAN 11

PARA REMISION DE PECADO 11

    BAUTISMO EN AGUA 11
    CRISTO VS. CRISTO JESÚS 13
    EL EVANGELIO DE LA CRUZ VS. EL EVANGELIO DE LA PERFECCIÓN 15
    UN LLAMADO AL ARREPENTIMIENTO 17

BAUTISMO ESPIRITUAL 23

EL BAUTISMO – UN ACTO DE FE 27

EL BAUTISMO EN EL NOMBRE DEL SEÑOR JESUS 29

    EL EVANGELIO DE LA CRUZ VS. EL EVANGELIO DEL REINO 30
    RECIBIR EL ESPÍRITU SANTO 33
    LA SEMILLA VIRIL DEL SEÑOR JESÚS 35
    ASCENSIÓN SOBRE LA NATURALEZA DE PECADO 39
        Suprema Reconciliación 40
        Reconciliados con el Señor Jesús 42
        Madurez Espiritual 43
        Cinco Vírgenes 45
        El Evangelio de la Perfección 45
        Perfección Espiritual 48
        Tras el llamado de Dios 50

CORNELIO **55**

El Evangelio de la Cruz es para los gentiles 55

El Evangelio del Reino es para el judío 56

La compañía de los Primeros Frutos 57

(Primicias) 57

Intimidad Espiritual 58

Cristo Jesús es Salvador 59

La Personalidad no es Resucitada 60

Cristo es la única Realidad 61

Agua Física, Agua Espiritual 62

Llenos con el Espíritu Santo 63

Poseído por el Espíritu Santo 66

  La semilla del Hijo Varón *68*

LENGUAS **71**

Lenguas humanas (Otras Lenguas) 71

Lenguas de Ángeles (Nuevas Lenguas) 72

Declaraciones proféticas en lenguas 73

Diferentes géneros de lenguas 74

  Algunas lenguas son por señal *77*

  El profetizar en lenguas *78*

Un lenguaje para la oración personal 79

  El Espíritu nos ayuda a orar *80*

  El Espíritu del Anti-Cristo *82*

  La mujer de Apocalipsis, Capítulo 12 .... *83*

Los dones –vs- la realidad de Cristo 84

RESURRECCION **87**

Perfección (estatura plena) 87

La Resurrección de Cristo 88

  El Tercer Día *89*

La Resurrección de Jesús 92

El Evangelio No Es Simple 96

BAUTISMO EN CRISTO (FUEGO) **99**

La Salvación Es Un Proceso 102

El bautismo en Su muerte 105

El bautismo en Su resurrección 109

  La locura de la predicación *109*

  Reproducción espiritual *110*

  La Palabra implantada *111*

  Oro y Plata no tenemos *112*

  El cuerpo de Cristo *114*

  Un Espíritu *117*

Cristo es el cumplimiento de la ley 118
La Carrera contra la muerte 119
Hijitos, jóvenes, padres...120
Un Dios 122
LA VISTA DESDE EL OTRO LADO..124
El bautismo en Satanás 124

TABLA DE REFERENCIAS **127**

SOBRE LA AUTORA..**137**

La Traducción Alterna de la Biblia©

La Traducción Alterna de la Biblia (**TAB**) es una traducción original de las Escrituras.

Traducción Alternativa del Antiguo Testamento©
Traducción Alternativa, Éxodo, Capítulo 32
    (El crimen del becerro) ©
Traducción Alternativa, Daniel, Capítulo 8©
Traducción Alternativa, Daniel, Capítulo 11©
Traducción Alternativa, Génesis 9:18-27
    (Las Crónicas de Noé, Segunda Edición) ©

Traducción Alternativa del Nuevo Testamento©
Traducción Alternativa, 2 Tesalonicenses, Capítulo 2
    (Sofía)©
Traducción Alternativa, 1ra Juan, capítulo 5©
Traducción Alternativa, El libro de Colosenses
    (A la Iglesia en Colosas) ©
Traducción Alternativa, El libro de Efesios
    (A la Iglesia en Éfeso) ©
Traducción Alternativa, El libro de Corintios, capítulo 11
    (Confusión corintia) ©
Traducción Alternativa, el Libro de Judas
    (La Salvación Común) ©

Traducción Alternativa del Libro de la Revelación de Jesucristo a San Juan©
Traducción Alternativa del Libro de Revelación de Jesucristo©

TRADUCCIONES ALTERNAS EN ESTE LIBRO:

HECHOS 10:48 - TA 35

RO. 7:3 – TA 46

MARCOS 16:16 – TA: 102

La verdad acerca del bautismo

(Un estudio sobre el bautismo & las lenguas)

PROLOGO

Un mensaje del Señor es para un día y hora específica, por lo que debe hacer todo lo posible por escucharlo cuando se es predicado. La unción está en la palabra original, así que, si aún lo escuchara más tarde, ya no sería lo mismo.

Hay mucha ignorancia y orgullo en la familia de Dios. Ellos escogen y eligen cuándo y dónde van a la Iglesia, y no esperan ningún tipo de consecuencias por su actitud displicente. No hacen caso del llamado del Espíritu Santo y están más preocupados por sus actividades diarias que por su vida espiritual.

Todos tenemos responsabilidades, pero muchos se quedan en casa simplemente porque "no se sienten bien", o están cansados. Sin embargo, Dios espera que respondamos cuando Él llama, o simplemente nos perderemos lo que está haciendo en ese momento.

Esto me entristece mucho, pero sé que Dios es justo y yo soy una simple sentimental. Mi corazón dice, "Señor, ayúdalos a comprender," pero no sucede. Y cuando llegue la hora en que El aparezca sin ellos, muchos le preguntarán, ¿cómo me pasó esto a mí?

Él les dirá, "te llamé, y el nivel del mensaje que te ofrecía en ese momento hubiera construido un nivel de Cristo en ti, y el otro mensaje que di en otra ocasión habría construido otro nivel de Cristo en ti, pero desperdiciaste los dos primeros años de tu crecimiento espiritual. No te sometiste lo necesario bajo el ministerio para que Cristo madurara lo suficiente en ti y te llevara a la perfección. Yo hice mi parte. Hice provisión para ti a través del ministerio, pero tú no viniste." Va a haber en muchos lugares un gran grupo de personas sorprendidas.

Muchos de ellos no me creen, pero es cierto de todos modos. Usted es muy bendecido porque escuchó el llamado del Señor y tiene hambre de la Palabra de Dios.

Mucha gente por ahí vive obsoleta. No les importa si aprenden o no. Esto me enojaba antes, pero ya no. Ahora estoy muy triste porque no hay nada que pueda hacer por ellos al respecto.

Desde hace muchos años, el Señor ha estado dejando a los cristianos que siguen los dictámenes de su propia mente a que sigan por su propio camino. Me refiero a los asuntos del Señor y a la realidad del Reino. Jesús llamará y llamará, pero debido a que el juicio no ha caído por un largo tiempo, la gente está engañada en cuanto a la gravedad de su desobediencia.

En una ocasión, hubo 250.000 personas en Central Park que vinieron para escuchar un mensaje básico sobre la salvación. Compraron camisetas, y palomitas de maíz, e hicieron una celebración de todo esto. No estoy diciendo que esto no trajo algo bueno, pero hago hincapié en que, cuando suena el llamado para continuar hacia la perfección, son muy pocos los cristianos que responden en comparación con el número que sí respondió en Central Park, y que todavía estén aquí.

Si usted es honesto consigo mismo, esa es la realidad de la Escritura. Jesús dijo que ellos no vendrían cuando los llamara.

Padre, te pido que me ayudes a traer este mensaje porque, a pesar de todas las horas que invertí preparándome para él, realmente no tuve suficiente tiempo, y mis notas no son como me gustaría que fueran. Oro para que me ayudes a exponerlo, Señor, que lo bendigas, y que abras los oídos de los que escuchan. ¡Amén!

INTRODUCCION

El Señor me dio un mensaje hoy sobre los diferentes tipos de bautismos, el cual responde muchas preguntas que me he hecho a mí misma por un largo tiempo.

Por ejemplo, muchos cristianos piensan que, si uno no tiene el Espíritu Santo y no habla en lenguas, no tiene una relación con Jesús. Pero he observado a mucha gente, a los bautistas, por ejemplo, quienes tienen fe en Dios y una relación muy real con Jesucristo, pero no hablan en lenguas. Sin embargo, veo al Señor moviéndose en sus vidas.

Escuché a un predicador decir que si uno tiene fe en Jesucristo eso es el bautismo en el Espíritu Santo. Mucha gente en sus denominaciones, que rechazan el hablar en lenguas, te dirá que ellos tienen el Espíritu Santo.

Los Testigos de Jehová también dicen que tienen el Espíritu Santo. He orado acerca de esto por años, y ahora el Señor me ha mostrado que las Escrituras hablan acerca de algo llamado *el bautismo con fe en Jesucristo*.

El Señor me dijo varios años en el pasado que hay una relación con Dios que está basada sobre *la fe de la mente carnal del hombre mortal*. No pude encontrar esto en las Escrituras durante ese tiempo, pero El me lo ha mostrado ahora.

TRES ETAPAS DEL BAUTISMO PARA LA MENTE CARNAL

(1) El bautismo en agua establece una relación entre el individuo y Jesucristo,

(2) El bautismo en el Espíritu Santo imparte el poder para concebir a Cristo, el cual vence a la mente carnal, y...

(3) El bautismo en fuego imparte poder a la personalidad para preferir a Cristo sobre la mente carnal.

Cristo Jesús es el fuego spiritual que consume la naturaleza de pecado que mantiene cautiva a la personalidad. Este bautismo es llamado el *bautismo en Cristo*, o *revestirse de Cristo*.

DOS ETAPAS DEL BAUTISMO CON EL ESPÍRITU SANTO

El bautismo en el Espíritu Santo se da en dos etapas,

(1) Recibiendo el *Espíritu Santo* y

(2) El bautismo con el Espíritu Santo.

Los apóstoles, los cuales fueron bautizados con el Espíritu Santo en el día de Pentecostés y hablaron en OTRAS LENGUAS, tuvieron una *medida* del Espíritu Santo que los creyentes que hablan en lenguas en la iglesia no tienen hoy día.

He estado orando por esto por un largo tiempo. Le dije, "Señor, cada persona que conozco que tiene el Espíritu Santo habla en lenguas, pero no escucho a nadie decir, eso es griego, o eso es ruso. Tenemos interpretación de lenguas, pero eso es una *interpretación espiritual*, no una *traducción.* Nunca he visto a nadie caminar dentro de la iglesia y decir, "eso es latín", o cualquiera que sea su idioma.

COMENTARIO: En una ocasión mis lenguas fueron reconocidas como arameo.

PASTORA VITALE: Bueno, gloria al Señor, pero eso no es algo típico. ¿Te ocurrió esto una sola vez o muchas veces?

COMENTARIO: Solamente una vez.

PASTORA VITALE: Una experiencia de una sola vez indica que un don especial vino sobre ti en esa ocasión, para llevar a cabo un propósito específico para Dios.

3

Aun si experimentaras el hablar en *otras lenguas* todo el tiempo, seguiría siendo una experiencia inusual para los creyentes de hoy día. No veo a creyentes promedio hablando en lenguas con otras personas como testigo que esas lenguas sean un lenguaje conocido.

Se nos ha dado un lenguaje para orar cuando recibimos el Espíritu Santo, y este tipo de lenguaje para orar parece ser el lenguaje que prevalece hoy día.

LA MALDICION SOBRE BABEL INVERTIDA POR EL
ESPIRITU SANTO

Hay dos manifestaciones de bautismo con el Espíritu Santo, una mayor y otra menor; una con más poder y la otra con menos poder. La que es con más poder fue derramada sobre los apóstoles como testimonio a los hombres por doquier de que la maldición de Babel estaba siendo invertida.

Dios maldijo la humanidad en Babel, lo cual resultó en haber sido dividida en muchas mentes carnales, muchos cuerpos humanos, muchas nacionalidades diferentes, y muchos colores diferentes. Dios también los dividió en su pensamiento y en su lenguaje, lo cual produjo diferentes culturas.

Es por eso que cada uno dentro una variedad de grupos étnicos pueden tener radicalmente diferentes culturas. Puedes encontrarte en gran cantidad de problemas si vas de un país a otro sin una revelación de las costumbres locales y, en particular, cuál es su punto de vista sobre la moralidad.

El hombre fue dividido en la Torre de Babel. Fue dividido en su carne a través del color de su carne, y fue dividido en su hablar (discurso), y en su idioma.

La diferencia entre el *discurso* y el *lenguaje* es que uno se comunica con un *lenguaje hablado* en particular, como el francés, ruso o inglés, pero el *discurso* se refiere a la *idea o pensamiento* que produce el lenguaje. Usted y yo podemos tener el mismo *discurso*, si estamos pensando en el mismo pensamiento, aunque estemos hablando diferentes *idiomas o lenguajes*, como inglés o francés.

El hombre fue dividido en el *lenguaje*, y fue también dividido en su *discurso* en la Torre de Babel, estableciendo diferentes grupos étnicos, uno en contra del otro.

¿Cuál es el testigo de esa maldición en el mundo hoy día? Los países y las personas de todo el mundo todavía están librando guerra y luchan unos contra otros.

Los apóstoles puestos de pie hablaron en la lengua nativa de los hombres allí provenientes de alrededor del mundo, y los hombres que los escucharon entendieron lo que los apóstoles estaban diciendo en su propio lenguaje.

Este evento fue una proclamación y un testimonio que la maldición de Babel fue invertida para cualquiera que es bautizado con el Espíritu Santo. Ahora todos los hombres de todas las naciones, lengua, habla, y origen o trasfondo étnico escucharían y entenderían la Palabra del Señor cuando es hablada.

Lamentablemente no hay testimonio de este grandioso evento en la iglesia de hoy. Balbuceamos un poco en algunas LENGUAS DESCONOCIDAS en la Iglesia, que se interpretan a veces, y el grupo local es edificado. Sin embargo, nada tan glorioso como el anuncio de la inversión de la maldición de Babel está sucediendo.

Las LENGUAS DESCONOCIDAS, la expresión menor del Espíritu Santo, se manifiestan públicamente como lenguas que necesitan ser interpretadas, y privadamente como un lenguaje para la oración personal entre Dios y el creyente.

Como dijimos anteriormente, la expresión mayor del bautismo con el Espíritu Santo fue revelada a través de los apóstoles. Entraremos en más detalles acerca de las lenguas más tarde.

JESUS UNGIDO

Hay un paso más allá de las dos etapas del bautismo con el Espíritu Santo que Jesús experimentó, pero no lo experimentaron los apóstoles. Jesús de Nazaret fue *ungido* con el Espíritu Santo.

Hechos 10:38

> [38] 38 CÓMO DIOS **UNGIÓ** CON EL ESPÍRITU SANTO Y CON **PODER** A JESÚS DE NAZARET, … **RVR 1995**

Él no fue *bautizado* con el Espíritu Santo.

La palabra *ungido*, se relaciona con *aceite*, en lugar de agua. El agua se desliza con más rapidez y luego se escurre, pero el aceite deja un residuo, incluso después que haya parado o disminuido de fluir.

Ese es el hombre, Jesús de Nazaret.

Los creyentes *reciben* el Espíritu Santo, y los apóstoles fueron *llenos con* el Espíritu Santo, pero Jesús fue *ungido* con el Espíritu Santo. *Ser ungido significa ser cubierto completamente con una sustancia viscosa.*

La Escritura está diciendo que es posible ser lleno temporeramente con el Espíritu Santo, lo cual te lleva hacia una estatura completa…

Efesios 4:13

> [13] HASTA QUE TODOS LLEGUEMOS A LA UNIDAD DE LA FE Y DEL CONOCIMIENTO DEL HIJO DE

. . . si hay algo que Dios quiere hacer a través de usted, y luego disminuye.

Jesucristo de Nazaret fue *ungido* con el Espíritu Santo. El Espíritu Santo residía sobre él. La unción le cubrió y se apegó a él. No se descorrió por su espalda.

Jesucristo está en el proceso de ungirnos a nosotros con el Espíritu Santo, de la misma manera que el Padre lo ungió a él, para que Cristo Jesús pueda superponer (cubrir) de forma permanente nuestra mente carnal. Una vez más, este pasaje está hablando de *estatura completa*, o de la *perfección*.

Así que vemos que hay una tercera etapa de impartición del Espíritu Santo a la humanidad (veamos nuevamente):

(1) *Recibir* el Espíritu Santo – Aquellos que recibieron el Espíritu Santo hablaron en lenguas angelicales y profetizaron.

(2) Ser *Llenos* con el Espíritu Santo – Aquellos que fueron llenos con el Espíritu Santo hablaron sobrenaturalmente en lenguajes humanos reconocibles que ellos mismos no conocían.

(3) Ser *Ungido* con el Espíritu Santo - Jesús, quien fue ungido con el Espíritu Santo, estuvo haciendo el bien, sanando a los enfermos, y echando fuera demonios.

Haciendo el bien significa que Jesús sanó al enfermo, y echo demonios por el poder de Cristo Jesús. La sanidad y liberación en la iglesia hoy día es llevada a cabo por la mente carnal *bajo el control del Espíritu Santo*.

Es por esto que no tenemos la misma victoria que Jesús tuvo en esas áreas. La iglesia está solamente en la primera etapa, recibiendo al Espíritu Santo, pero pienso que comenzaremos a madurar más rápidamente muy pronto.

VISTIENDONOS DE CRISTO

La personalidad *se viste de Cristo* cuando ella lo prefiere a El sobre la mente carnal, y luego *Cristo bautiza la mente carnal* de esa personalidad. (La incapacita)

El bautismo con el Espíritu Santo es un nivel de conciencia o espiritualidad. La personalidad se levanta hacia la perfección (estatura completa) por el poder del Espíritu Santo *antes* que el individuo venza su propia naturaleza de pecado, y luego regresa a su propio nivel de conciencia cuando los propósitos de Dios han sido alcanzados o llevados a cabo. *El bautismo con el Espíritu Santo es una condición de perfección temporera.*

EL BAUTISMO DE JUAN PARA REMISION DE PECADO

Bautismo en Agua

En **Hechos 19:4-6**, Pablo dijo,

Hechos 19:4

> [4]... —JUAN BAUTIZÓ CON BAUTISMO DE ARREPENTIMIENTO, DICIENDO AL PUEBLO QUE CREYERAN EN AQUEL QUE VENDRÍA DESPUÉS DE ÉL, ESTO ES, EN JESÚS EL CRISTO. 5 CUANDO OYERON ESTO, FUERON BAUTIZADOS EN EL NOMBRE DEL SEÑOR JESÚS. 6 Y HABIÉNDOLES IMPUESTO PABLO LAS MANOS, VINO SOBRE ELLOS EL ESPÍRITU SANTO; Y HABLABAN EN LENGUAS Y PROFETIZABAN. **RVR 1995**

El someterse al bautismo de Juan es la renunciación y la admisión pública de nuestra naturaleza de pecado, la cual es simbólicamente cubierta cuando sumergimos nuestro cuerpo físico bajo el agua. *El bautismo en agua es la remisión simbólica, o renunciación, de nuestra naturaleza de pecado.*

Jesús está diciendo todavía hoy día, "si confiesas que tienes una naturaleza de pecado, arrepiéntete (por fe), y sométete a ser sumergido en las aguas. Yo haré en el espíritu (cielo) lo que tú has hecho en la tierra. Si tú vences simbólicamente tu naturaleza de pecado como un acto de fe, yo lo convertiré en una realidad espiritual para ti. Si bajas a las aguas físicas como un acto de obediencia, basado en tu creencia y fe de que Yo (Jesús) puedo salvarte del dominio de tu naturaleza de pecado, Yo sumergiré esa naturaleza de pecado en el Espíritu de Cristo (Lago de fuego) y la disolveré."

Así que vemos que LA FE EN DIOS DEL HOMBRE CAIDO provee perdón al hombre que está viviendo de su naturaleza de pecado POR FE, pero no en la realidad, porque él peca todavía.

Sabemos que nuestro perdón no es en la realidad porque, si somos honestos con nosotros mismos, sabemos que pecamos todos los días. Es LA FE DEL HIJO DE DIOS, el cual es Cristo, el hijo varón formado en el individuo, lo que nos da la *esperanza* de la *liberación* de la tiranía de nuestra naturaleza de pecado (mente carnal), y de la *glorificación*.

Algunos están predicando en contra del bautismo en agua, lo cual es un gran error. Este mismo espíritu está operando en predicadores y creyentes también, que han estado en ministerios de liberación por años. El predicar en contra de liberación para los nuevos creyentes, luego de haber recibido el beneficio de los ministerios de liberación para uno mismo, puede compararse con uno graduado de colegio diciéndole a otro que la Escuela Superior (High School) ya no es necesaria.

La aseveración más positiva que puedo hacer acerca de esta línea de pensamiento es que es el fruto de la ignorancia. No es racional esperar que los creyentes maduren espiritualmente cuando han sido reprimidos de un ministerio fundamental del cual tú mismo te has beneficiado en el pasado. Los mismos predicadores que niegan la liberación luego piden ayuda a gritos porque no son sanados por falta de fe. Esto es más que ignorancia. Esto es perversidad contra aquellos por los que Jesús murió.

Mi respuesta hacia esta ola de predicadores contra el bautismo en agua hoy día es esta: nadie puede reconocer mejor que yo el bautismo en agua como un acto de la carne, pero es el acto por el cual la gente carnal puede entrar en un *contrato espiritual* con el Señor Jesucristo. Ellos no son espirituales, y no hay nada espiritual acerca de ellos, pero el Señor Jesucristo ha abierto un camino para que ellos se hagan espirituales a través de una relación con El.

Es como pedirle a un niño de dos años que se vista a sí mismo, y luego ayudarlo justo lo necesario para que él todavía piense que se puso su ropa por su propia cuenta. Eso mismo es lo que el bautismo en agua es. El Señor Jesucristo está diciendo, *solo muestra este poquito de interés en Mí, muéstrame que me necesitas este poquito, y yo haré del resto una realidad.*

Es un gran error decirles a los nuevos creyentes en Cristo que no obedezcan este mandato de Dios. El bautismo en agua, aunque es una obra de la carne, es un *pacto* que Jesucristo hizo con la humanidad, que todavía está en completa fuerza y efecto. El Señor Jesús todavía lo honra.

El pacto del bautismo en agua de Jesús ira desapareciendo cuando toda la humanidad que está sobre la faz de la tierra lo haya experimentado, o que estén espiritualmente lo suficientemente maduros para no necesitarlo. Es incorrecto anularlo porque lo hayas ya experimentado tú, aunque ya no lo necesites ahora. El bautismo en agua es una experiencia espiritual hermosa para todo aquel que apenas haya venido a Cristo. No se lo quites a los bebés.

Cristo vs. Cristo Jesús

En *Hechos 19:4-6*, Pablo dijo, *Ciertamente Juan bautizó para arrepentimiento.* Juan le dijo a la gente que *creyeran en* Cristo Jesús, aquel que vendría después de Juan el Bautista, el cual estaba haciendo las obras de la carne.

Juan no le dijo a la gente que ellos deberían creer en *Jesús de Nazaret*. Él dijo que debían creer en *Cristo Jesús*. Cristo Jesús es el Cristo resucitado en un individuo, casado con el Señor Jesús, el cual está arriba.

Al Adán resucitado en el hombre mortal se le llama *Cristo*. *Cristo* es la nueva mente justa del hombre mortal. Adán se levantó de los muertos en Jesús de Nazaret y dominó Su mente carnal. Luego de esto, Jesús de Nazaret vino a ser Jesús, el Cristo.

Si Jesús hubiera sido tan egoísta como el resto de la raza humana, Él hubiera dicho, *pasé a través de esto, lo vencí, lo logré, he sido perfeccionado y esto ya es el final de todo, no haré nada más.* Pero Jesús no se detuvo ahí. Él dijo, *si el grano de trigo cae en tierra, traerá una gran cosecha.*

Jesús, el Cristo, y el Padre son uno. Esto significa que el Espíritu del Padre se unió con Adán resucitado, la mente justa de Jesús (llamado Cristo Jesús en el Nuevo Testamento). El Padre y Jesús tuvieron un matrimonio espiritual, y luego Jesús, el Cristo, vino a ser Cristo Jesús después que Su mente justa se casó con el Padre, el cual está arriba.

Luego de esto, Cristo Jesús, el nuevo hombre interior de Jesús, el cual es en la imagen de Dios...

Col 3:10

[10]Y REVESTIDO DEL NUEVO. ÉSTE, CONFORME A LA IMAGEN DEL QUE LO CREÓ, SE VA RENOVANDO HASTA EL CONOCIMIENTO PLENO: **RVR 1995**

. . . renunció a su existencia de carne para convertirse en un hombre espiritual magnifico. Hoy, Cristo Jesús está derramando de su semilla viril sobre el hombre mortal...

1 Pedro 1:2

[2] ELEGIDOS SEGÚN EL PREVIO CONOCIMIENTO DE DIOS PADRE EN SANTIFICACIÓN DEL ESPÍRITU, PARA OBEDECER Y SER ROCIADOS CON LA SANGRE DE JESUCRISTO: GRACIA Y PAZ OS SEAN MULTIPLICADAS. **RVR 1995**

. . . para engendrar los hijos que el Padre le prometió: La segunda generación de Cristo.

1 Tim 2:5
⁵PUES HAY UN SOLO DIOS, Y UN SOLO MEDIADOR
ENTRE DIOS Y LOS HOMBRES: JESUCRISTO HOMBRE, **RVR**
1995

Col 3:10
¹⁰Y REVESTIDO DEL **NUEVO.** ÉSTE, CONFORME A LA
IMAGEN DEL QUE LO CREÓ, SE VA RENOVANDO HASTA EL
CONOCIMIENTO PLENO: **RVR 1995**

1 Pedro 1:2
²ELEGIDOS SEGÚN EL PREVIO CONOCIMIENTO DE
DIOS PADRE EN SANTIFICACIÓN DEL ESPÍRITU, PARA
OBEDECER Y SER ROCIADOS CON LA SANGRE DE JESUCRISTO:
GRACIA Y PAZ **OS SEAN MULTIPLICADAS. RVR 1995**

Esto es, Cristo en ti, y en mí – la segunda generación de Cristo,
la cual está a punto de tener una experiencia similar. El Señor
Jesús, quien está ahora arriba, está casándose al Cristo resucitado
en cada uno de nosotros, lo cual nos da la fuerza para vencer
nuestra mente carnal.

Vemos en el libro de los Hechos que Juan no solo bautizó en
agua, pero también aconsejó a la gente, diciendo, *No es*
suficiente ser sumergido en agua, tienen que creer en aquel que
vendrá, en Cristo Jesús. Tenemos que creer en la segunda
generación de Cristo.

Mientras tu cuerpo físico entra bajo el agua, cree que hay una
segunda generación de Cristo – que Adán se levantará dentro de
los muertos en ti también.

El Evangelio de la Cruz vs.
El Evangelio de la Perfección

Te he estado sugiriendo que cuando Juan dijo, *Cree en Cristo*
Jesús, él estaba aconsejando a la gente a creer en el Evangelio de

la Perfección, y no en el Evangelio de la Cruz. Nadie me dijo esto a mí. ¿Te ha dicho alguien alguna vez acerca de esto?

El Evangelio de la Cruz es la historia de la experiencia personal de Jesús de Nazaret. Pero Juan no estaba hablando acerca de Dios estando en medio de este hombre, Jesús de Nazaret. Él estaba hablándole a aquel que estaba siendo bautizado, diciéndole, *cree que Cristo se levantará de los muertos en ti también, y que el Cristo resucitado dentro de ti se unirá en casamiento con el Padre, quien está arriba.*

Juan estaba hablando sobre *el Evangelio de la Perfección*. Estaba hablando sobre la segunda generación del Adán resucitado, el Hijo de Elohim...

Lucas 3:38
[38] HIJO DE ENÓS, HIJO DE SET, HIJO DE ADÁN, HIJO DE DIOS. RVR 1995

...que iba a ser concebido, alimentado y llevado a término por la primera generación de Cristo, el Señor Jesús.

Lucas 3:38
[38] HIJO DE ENÓS, HIJO DE SET, HIJO DE ADÁN, HIJO DE DIOS. RVR 1995

COMENTARIO: Cada vez que escucho **Cristo Jesús,** ¿significa esto la segunda generación?

PASTORA VITALE: No, no necesariamente.

Jesús es la personalidad sobre la cual la mente carnal fue cubierta (bautizada en) Cristo, cuando El prefirió a Cristo sobre su mente carnal. Luego de eso, Jesús, el Cristo fue glorificado y vino a ser Salvador del mundo.

Cristo es Adán resucitado, nuestra única esperanza para que seamos glorificados.

Cristo Jesús es Adán resucitado, casado con el Padre que está arriba, apareciendo en cualquier personalidad.

Un Llamado al Arrepentimiento

Mateo 3:11

¹¹ YO A LA VERDAD OS **BAUTIZO EN AGUA PARA ARREPENTIMIENTO**, PERO EL QUE VIENE TRAS MÍ, CUYO CALZADO YO NO SOY DIGNO DE LLEVAR, ES MÁS PODEROSO QUE YO. ÉL OS BAUTIZARÁ EN ESPÍRITU SANTO Y FUEGO: **RVR 1995**

Juan reprendió a los fariseos y saduceos quienes vinieron a su bautismo, diciendo, *O generación de víboras, quien os ha ensenado a huir de la ira que vendrá*, significando que, *quieren el bautismo en agua para que sus pecados sean perdonados, pero sin confesión ni arrepentimiento. No tienen idea de lo que están pidiendo.*

Bajar a las aguas es solo tu parte del contrato establecido por el bautismo en agua entre tú y Dios. La promesa de Dios en este contrato es que sumerjas tu mente carnal bajo Cristo, quien es el Lago de Fuego.

Juan llamó a los fariseos "generación de víboras," diciendo, *Cuenta el costo, no tomen este bautismo en agua ligeramente, porque el procesamiento de fuego que viene de parte del contrato de Dios destruirá su mente carnal. Se puede ver el bautismo en agua, pero no se puede ver el juicio justo incendiado y ardiente de tu naturaleza de pecado que viene detrás de esto. Sólo pueden sobrevivir si Cristo está en ustedes.*

Juan estaba diciendo, *escudríñense a ustedes mismos. Hay un potencial para salvación en ustedes, pero sabemos que no todo Israel es Israel,*

Ro. 9:6

⁶ NO QUE LA PALABRA DE DIOS HAYA FALLADO,
PORQUE **NO TODOS LOS QUE DESCIENDEN DE ISRAEL SON
ISRAELITAS:** **RVR 1995**

Jesús dijo, *hay cuatro tipos de terrenos* (Mc 13:4-8), *pero solo
uno de ellos es el buen terreno.*

Mateo 13:8

⁸ PERO PARTE CAYÓ EN BUENA TIERRA, Y **DIO
FRUTO,** CUÁL A CIENTO, CUÁL A SESENTA Y CUÁL A TREINTA
POR UNO. **RVR 1995**

*Escudríñate a ti mismo, porque esto no es un juego. Fuego del
cielo estará bajando sobre ti luego que te sumerjo bajo las
aguas, así que es mejor que te vayas ahora si es que estás
jugando.*

Juan sigue diciendo:

Mateo 3:11-12

¹¹ YO A LA VERDAD OS BAUTIZO EN AGUA PARA
ARREPENTIMIENTO, PERO EL QUE VIENE TRAS MÍ, CUYO
CALZADO YO NO SOY DIGNO DE LLEVAR, ES MÁS PODEROSO
QUE YO. ÉL OS BAUTIZARÁ EN ESPÍRITU SANTO Y FUEGO˙

12 SU AVENTADOR ESTÁ EN SU MANO PARA
LIMPIAR SU ERA. RECOGERÁ SU TRIGO EN EL GRANERO Y
QUEMARÁ LA PAJA EN FUEGO QUE NUNCA SE APAGARÁ.
RVR 1995

Los fieles que venían a ser bautizados en agua para la remisión
de los pecados no necesitaban escuchar esto. Juan estaba
advirtiendo al impío, *no jueguen con Dios.*

Muchos cristianos desean conocimiento de las cosas profundas
de Dios porque quieren glorificarse a sí mismo ensenando a otros.

Pero el Espíritu Santo revela sus verdaderos motivos y, cuando no se arrepienten, son puestos bajo juicio. He visto esto cuando sucede.

No puedes capturar la unción. Cuanto más profundo es el ministerio que estás tratando de utilizar para tus propios fines, más peligrosa será tu indiscreción. Cosechamos lo que sembramos, hermanos, y los que tratan de captar la unción, sufrirán la pérdida de la unción.

El bautismo con el Espíritu Santo significa estar bajo el control total del Espíritu Santo.

Muchos que hablan en lenguas hoy están **EXPERIMENTANDO** al Espíritu Santo, algunos cuando están en la iglesia, otros cuando están en el hogar, pero bien pocos, si algunos, están bajo el control completo.

Muchos creyentes viven de su naturaleza de pecado, aun en la iglesia, porque están bajo la influencia del Espíritu Santo, no llenos de él.

Hemos solo mirado dos Escrituras que hablan sobre el *bautismo con el Espíritu Santo*. La que justo hablábamos, es la que promete el Espíritu Santo a los saduceos y fariseos, y a aquellos en la iglesia de hoy, pues no tiene límite de tiempo en ella. Pero Juan le dijo a los apóstoles, *En unos pocos días...*

Juan no dijo el año próximo van a ser bautizados con el Espíritu Santo. Juan dijo a los apóstoles, *El Señor dijo, en unos pocos días seréis bautizados con el Espíritu Santo*. Juan estaba hablando del derramamiento en Pentecostés:

Hechos 2:2

2 DE REPENTE VINO **DEL CIELO UN ESTRUENDO COMO DE UN VIENTO RECIO** QUE SOPLABA, EL CUAL LLENÓ TODA LA CASA DONDE ESTABAN. **RVR 1995**

Solía leer esta Escritura y pensar que los saduceos y los fariseos se habían ido. Pero mientras la leía hoy, veo que la Escritura no es clara acerca de si ellos se fueron, o se si se arrepintieron. Mi interpretación es que algunos se fueron y otros se arrepintieron.

Lo siguiente es un relato paralelo de Juan el bautista, en esta ocasión dirigiéndose a la multitud.

Lucas 3:7-15

7 Y **DECÍA A LAS MULTITUDES** QUE SALÍAN PARA SER BAUTIZADAS POR ÉL: — ¡GENERACIÓN DE VÍBORAS!, ¿QUIÉN OS ENSEÑÓ A HUIR DE LA IRA VENIDERA? **RVR 1995**

Aparentemente, así como es cierto hoy día, los fieles eran muy pocos, así que Juan le habló a la multitud.

8 **HACED, PUES, FRUTOS DIGNOS DE ARREPENTIMIENTO** Y NO COMENCÉIS A DECIR DENTRO DE VOSOTROS MISMOS: "TENEMOS A ABRAHAM POR PADRE", PORQUE OS DIGO QUE DIOS PUEDE LEVANTAR HIJOS A ABRAHAM AUN DE ESTAS PIEDRAS.

9 ADEMÁS, EL HACHA YA ESTÁ PUESTA A LA RAÍZ DE LOS ÁRBOLES; POR TANTO, TODO ÁRBOL QUE NO DA BUEN FRUTO SE CORTA Y SE ECHA AL FUEGO.

10 LA GENTE LE PREGUNTABA, DICIENDO: — ENTONCES, ¿QUÉ HAREMOS?

11 RESPONDIENDO, LES DECÍA: —EL QUE TIENE DOS TÚNICAS, DÉ AL QUE NO TIENE; Y EL QUE TIENE QUÉ COMER, HAGA LO MISMO.

12 VINIERON TAMBIÉN UNOS PUBLICANOS PARA SER BAUTIZADOS, Y LE DIJERON: —MAESTRO, ¿QUÉ HAREMOS?

13 ÉL LES DIJO: —NO EXIJÁIS MÁS DE LO QUE OS ESTÁ ORDENADO.

¹⁴ También le preguntaron unos soldados, diciendo: —Y nosotros, ¿qué haremos? Les dijo: —No hagáis extorsión a nadie, ni calumniéis; y contentaos con vuestro salario.

¹⁵ Como el pueblo estaba a la expectativa, preguntándose todos en sus corazones si acaso Juan sería el Cristo; **RVR 1995**

Los versos 7-15 indican que la multitud le dijo a Juan, *¿Qué debemos hacer?* La respuesta de Juan fue, *Arrepentíos y CAMBIEN SUS CAMINOS.*

Juan quiso decir, arrepiéntanse por fe y luego arrepiéntanse en la realidad, cambiando su forma de caminar, como diciendo que arrepentirse no es suficiente. Tienen que cambiar su comportamiento y empezar a actuar como Cristo. Resistan los pensamientos impíos de su mente carnal, y Cristo derribará esos pensamientos y les dará la paz

Santiago 4:7

⁷ Someteos, pues, a Dios; resistid al diablo, y huirá de vosotros. **RVR 1995**

BAUTISMO ESPIRITUAL

Vemos que el primer bautismo, el de agua, nos lleva al Segundo bautismo, del Espíritu. Pero en realidad hay un solo bautismo. La Escritura dice que hay una fe y un bautismo, denominaciones completas arriban a la conclusión de que es el bautismo en agua. Pero esto no es cierto.

Ese bautismo es un bautismo spiritual al cual ascendemos en etapas. No estamos *descendiendo* hacia un bautismo espiritual. Cristo Jesús está descendiendo *sobre nosotros*, mientras ascendemos para encontrarnos con El.

2 Co. 5:2,4

² Y POR ESTO TAMBIÉN GEMIMOS, **DESEANDO SER REVESTIDOS** DE AQUELLA NUESTRA HABITACIÓN CELESTIAL:

⁴ ASIMISMO LOS QUE ESTAMOS EN ESTE TABERNÁCULO GEMIMOS CON ANGUSTIA, PUES NO QUISIÉRAMOS SER DESNUDADOS, **SINO REVESTIDOS**, PARA QUE LO MORTAL SEA ABSORBIDO POR LA VIDA. **RVR 1995**

COMENTARIO: Una amiga mía estaba furiosa cuando le dije que iba a bautizarme en agua porque mi denominación habló sobre esta Escritura. No estaba muy madura en el Señor todavía, así que me rendí ante su argumento. Pero un tiempo después, el Señor me dijo que me bautizara en agua.

PASTORA VITALE: Ho, ¿no te bautizaste en aquel momento?

COMENTARIO: No, sentí que estaba en un error.

PASTORA VITALE: ¿Qué fue lo que te dijo sobre lo que un solo bautismo era?

COMENTARIO: Ella dijo que un solo bautismo era suficiente, y estaba gritándome.

PASTORA VITALE: ¿Cuál era el único bautismo para ella? ¿El bautismo con el Espíritu Santo?

COMENTARIO: No, ni siquiera eso. El bautismo de los bebés...

PASTORA VITALE: Ho, la aspersión con agua.

COMENTARIO: Me arrepentí.

PASTORA VITALE: Bueno, Gloria a Dios que te trajo a la verdad.

Un poco de investigación revela que hay muchos bautismos. Hay un bautismo de fuego, un bautismo de sufrimiento, etc., Pero en realidad sólo hay un bautismo en muchas partes. Hay un solo cuerpo, muchos miembros del mismo. Una Divinidad, diferentes expresiones del mismo. Un Espíritu, muchas administraciones. Hay un solo bautismo en muchas etapas.

A medida que Cristo aumenta en nosotros, la personalidad, la cual somos, continúa siendo bautizada más profundo y más profundo en la vida espiritual de Cristo Jesús.

El primer paso es tener a alguien que te sumerja bajo las aguas, lo cual es un acto de fe. Nuestro poderoso y glorioso Salvador, el Señor Jesucristo, está diciendo, *Ve hacia las aguas en tu propio libre albedrío, y yo te cargaré el resto del camino.* En lo que a mí respecta, eso hace que el bautismo en agua sea un acto de fe muy, pero que muy importante.

La segunda etapa del bautismo, el bautismo espiritual, se revela como la primera etapa del bautismo, cuando el bautismo en agua se lleva a cabo. La sumisión al primer bautismo, inmersión en agua, que es un acto de *fe del hombre mortal,* conduce a la etapa de inicio del segundo bautismo, el bautismo espiritual que imparte la *fe del Hijo de Dios* al creyente.

Gal 2:20

20 CON CRISTO ESTOY JUNTAMENTE CRUCIFICADO, Y YA NO VIVO YO, MAS VIVE CRISTO EN MÍ; Y LO QUE AHORA VIVO EN LA CARNE, LO VIVO **EN LA FE DEL HIJO DE DIOS**, EL CUAL ME AMÓ Y SE ENTREGÓ A SÍ MISMO POR MÍ. **RVR 1995**

El hombre mortal puede creer el Evangelio de la Cruz, pero solo la *fe del Hijo de Dios*, Cristo en nosotros…

Col 1:27

27 A ELLOS, DIOS QUISO DAR A CONOCER LAS RIQUEZAS DE LA GLORIA DE ESTE MISTERIO ENTRE LOS GENTILES, QUE ES **CRISTO EN VOSOTROS, ESPERANZA DE GLORIA**: **RVR 1995**

… puede creer en el verdadero plan de salvación de Dios para la raza humana. Nuestra mente carnal no puede creer, así que Cristo en nosotros se convierte en nuestro entendimiento.

El bautismo en agua es un acto de fe mortal que prepara el corazón para recibir la Palabra implantada y el Espíritu de la Verdad. El Espíritu Santo, el Espíritu del Padre, se une a nuestro espíritu humano. Esta es la primera etapa de nuestro matrimonio espiritual. Con el tiempo, concebimos la palabra implantada, el hijo varón, el Cristo, que es nuestra fe.

EL BAUTISMO – UN ACTO DE FE

No es suficiente tener fe *en* Jesús, el Cristo. Debemos tener la fe *de* Jesucristo, que es el Adán resucitado.

Es imposible que su mente carnal tenga la fe de Jesucristo. Adán es el Hijo de Dios, y lo mortal de él se levanta de los muertos, se convierte en un hijo de Dios.

La segunda generación de Cristo (la Iglesia), son hijos de Dios, porque el Señor Jesús nos ha impregnado de sí mismo. Lo que permite a Adán levantarse de la muerte en nosotros también. El Señor Jesús, la primera generación de Cristo, junto con sus hijos, la segunda generación de Cristo, son los hijos de Dios, muchos miembros. Pero Jesús es la Cabeza de su cuerpo.

Col 1:18

> [18] ÉL ES TAMBIÉN **LA CABEZA DEL CUERPO** QUE ES LA IGLESIA, Y ES EL PRINCIPIO, EL PRIMOGÉNITO DE ENTRE LOS MUERTOS, PARA QUE EN TODO TENGA LA PREEMINENCIA. **RVR 1995**

Sólo hay una manera que podamos tener la fe de Jesucristo, y es teniendo Su Hijo. La salvación, la fe y el entendimiento están en Cristo, el hijo varón. Debemos concebir y tener el hijo varón, porque Él es nuestra vida. La mujer estéril, sin duda continúa muriendo, por lo que, si no estás embarazada de Cristo, pídele al Señor Jesús que te impregne.

EL BAUTISMO EN EL NOMBRE
DEL SEÑOR JESUS

Pablo predica el *Evangelio de la Perfección* a los discípulos de Efesios y bautiza a aquellos quienes entienden en el *Nombre de*, o el *Espíritu de*l Señor Jesucristo.

Hechos 19:4

> [4] DIJO PABLO: —JUAN BAUTIZÓ CON BAUTISMO DE ARREPENTIMIENTO, DICIENDO AL PUEBLO QUE **CREYERAN EN AQUEL QUE VENDRÍA DESPUÉS DE ÉL, ESTO ES, EN JESÚS EL CRISTO.** RVR 1995

Cuando escucharon a Juan decir, *Cree en aquel que viene detrás de mi...*

Hechos 19:5

> [5] CUANDO OYERON ESTO, FUERON **BAUTIZADOS EN EL NOMBRE DEL SEÑOR JESÚS.** RVR 1995

. . . fueron bautizados en el *Nombre* del Señor Jesucristo.

Pablo debe haber dicho mucho más que el verso corto citado aquí. Debe de haber predicado el *Evangelio completo de la perfección* a ellos, y cuando lo supieron, *fueron bautizados en el nombre, o el Espíritu, del Señor Jesucristo*.

Cuando era una joven cristiana, fui bautizada en agua en el nombre del Padre, del Hijo, y del Espíritu Santo. Alrededor de un año después hubo un gran revuelo en nuestra comunidad local. Un par de predicadores llegaron a decir que los apóstoles bautizaron en el Nombre de *Jesús*, así que era mejor que fuéramos bautizados de nuevo. Pero sólo hay un bautismo en agua, el bautismo de Juan, y que es para arrepentimiento. No importa si usted está bautizado en el nombre de Jesús, o el Padre, el Hijo y el Espíritu Santo, siempre y cuando se haya arrepentido de su pecado conocido.

El Evangelio de la Cruz vs.
El Evangelio del Reino

El bautismo en el Nombre del Señor Jesús es la impartición de fe a través de la predicación del Reino de Dios.

El hombre que escucha el *Evangelio de la Cruz* predicado por la mente carnal, es bautizado (completamente sumergido) en el espíritu del predicador, y la mente carnal del oyente puede, o no, creer que Jesucristo es el Salvador de su alma (personalidad).

Por desgracia, más a menudo, el mensaje que acompaña al Evangelio de la Cruz dice que estamos siendo salvos de un infierno ardiente, lo cual no es el mensaje de la Escritura.

El hombre que escuche el *Evangelio del Reino* predicado por Jesucristo y sea bautizado (sumergido completamente) en el espíritu del predicador. . .

1 Co. 10:2

² QUE TODOS, EN UNIÓN CON MOISÉS, FUERON BAUTIZADOS EN LA NUBE Y EN EL MAR; RVR 1995

. . . recibe la semilla viril que levanta a Cristo de entre los muertos en el hombre. Pero no todo el que escucha es bautizado y concibe a Cristo.

Lucas 8:5-8

[5] EL SEMBRADOR SALIÓ A SEMBRAR SU SEMILLA; Y MIENTRAS SEMBRABA, **UNA PARTE CAYÓ JUNTO AL CAMINO**, FUE PISOTEADA Y LAS AVES DEL CIELO SE LA COMIERON.

[6] OTRA PARTE **CAYÓ SOBRE LA PIEDRA** Y, DESPUÉS DE NACER, SE SECÓ, PORQUE NO TENÍA HUMEDAD.

[7] OTRA PARTE **CAYÓ ENTRE ESPINOS**, Y LOS ESPINOS QUE NACIERON JUNTAMENTE CON ELLA LA AHOGARON.

[8] Y OTRA PARTE **CAYÓ EN BUENA TIERRA**, NACIÓ Y LLEVÓ FRUTO A CIENTO POR UNO. HABLANDO ESTAS COSAS, DECÍA CON FUERTE VOZ: EL QUE TIENE OÍDOS PARA OÍR, OIGA. **RVR 1995**

Hay un solo bautismo físico, y es el bautismo en agua. Después de eso, nos movemos en el bautismo espiritual que tiene varias etapas.

Puede sumergir la cabeza de alguien bajo el agua 1.500 veces diciendo, *en el Nombre del Padre, el Nombre del Hijo, el nombre del Espíritu Santo, en el Nombre de Jesús, en el nombre de fuego*, pero estos son sólo palabras vanas derivadas fuera de su mente carnal. Algo espiritual tiene que pasarte a ti, o el bautismo es no tiene ningún efecto.

La Iglesia tiene que salir de la letra y empezar a moverse en la comprensión espiritual de la Escritura. Esto no es un juego. Si usted no tiene este bebé espiritual, usted seguirá muriendo. Por desgracia, la mayoría de los cristianos creen que su alma es liberada *después* de la muerte de su cuerpo físico, lo cual es una mentira, e ignoran las señales de la muerte acercándose a ellos.

Una vez más, el verso 5 dice: *Y cuando escucharon el Evangelio del Reino, fueron bautizados en el nombre del Señor Jesús.*

31

Hechos 19:5

Cristo Jesús en Pablo estaba lo suficientemente maduro para impartirles la semilla viril a estos creyentes a través de la locura de la predicación. La Palabra que Pablo predicó los bautizó con el Nombre, o la Naturaleza, del Señor Jesucristo, y ellos recibieron la semilla.

Entonces, el verso 6 dice, *Luego que fueron bautizados en el Nombre del Señor Jesús, Pablo impuso sus manos sobre ellos y el Espíritu Santo vino sobre ellos, y hablaron en lenguas y profetizaron.*

Hechos 19:6

Cornelio y su casa creyeron el mensaje de Pedro también, y fueron bautizados en el nombre del Señor Jesús y recibieron el Espíritu Santo.

Hechos 10:44

Ahora recuerde, Pablo no predicó el *Evangelio de la Cruz*, que Jesús es el Salvador. El predicó el *Evangelio del Reino*, la resurrección y la formación de Cristo en el individuo.

Gal 4:19

[19] HIJITOS MÍOS, POR QUIENES VUELVO A SUFRIR DOLORES DE PARTO, **HASTA QUE CRISTO SEA FORMADO EN VOSOTROS, RVR 1995**

Los que son bautizados con la menor expresión del *bautismo en el nombre del Señor Jesús* creen que Cristo puede ser resucitado en ellos, y recibir el Espíritu Santo; y los que son bautizados con la mayor expresión del bautismo en el *nombre del Señor Jesús* reciben la semilla viril de Cristo, la palabra implantada.

Santiago 1:21

[21] POR LO CUAL, DESECHANDO TODA INMUNDICIA Y ABUNDANCIA DE MALICIA, **RECIBID CON MANSEDUMBRE LA PALABRA IMPLANTADA, LA CUAL PUEDE SALVAR VUESTRAS ALMAS. RVR 1995**

Recibir el Espíritu Santo

Cornelio estaba abierto a cualquier experiencia espiritual que el Señor le diera, y recibió el Espíritu Santo. Por lo que yo sé, con muy pocas excepciones, todo el que cree que Jesús es el Hijo de Dios y Salvador, y que quiere el Espíritu Santo, lo recibe.

Aquellos que no reciben el Espíritu Santo por lo general no lo quieren, porque creen que el Espíritu Santo en la Iglesia hoy en día no es de Dios.

Todo el propósito del bautismo en agua es dar al judío una oportunidad para humillarse ante Dios por medio de la confesión del pecado. Digo *confesión* en lugar de *arrepentimiento*, porque el verdadero arrepentimiento es el rechazo de la mente carnal en favor de la mente de Cristo. Esto sólo es posible si Cristo, nuestra nueva mente, es formada en nosotros. Juan sabía esto y los judíos lo entendieron también.

Hechos 10:2 dice, *Cornelio fue,*

Hechos 10:2, 3, 4

² PIADOSO Y TEMEROSO DE DIOS CON TODA SU CASA, Y QUE HACÍA MUCHAS LIMOSNAS AL PUEBLO Y ORABA SIEMPRE A DIOS.

³ ÉSTE VIO CLARAMENTE EN UNA VISIÓN, COMO A LA HORA NOVENA DEL DÍA, **QUE UN ÁNGEL DE DIOS ENTRABA DONDE ÉL ESTABA Y LE DECÍA:** — ¡CORNELIO!

⁴ ÉL, MIRÁNDOLO FIJAMENTE, Y ATEMORIZADO, DIJO: — ¿QUÉ ES, SEÑOR? LE DIJO: —TUS ORACIONES Y TUS LIMOSNAS HAN SUBIDO PARA MEMORIA DELANTE DE DIOS. **RVR 1995**

Cornelio no necesitaba una ocasión especial para humillarse ante Dios, pero los judíos de la época de Jesús creían que sus pecados estaban cubiertos porque seguían la ley.

Del mismo modo, muchos cristianos hoy en día piensan que su naturaleza de pecado está cubierta porque creen que Jesús es el Salvador, o que Cristo cubre su naturaleza de pecado sin antes exponerla y derrotarla.

La humildad de Cornelio ante el Dios de los Judíos movió a Cristo hacia él, y la obediencia de Cornelio a Cristo (el ángel que le habló) envió a Pedro a predicarle el *Evangelio de la Cruz* a **él**.

Hechos 10:30-31

³⁰ ENTONCES CORNELIO DIJO: —HACE CUATRO DÍAS QUE A ESTA HORA YO ESTABA EN AYUNAS; Y A LA HORA NOVENA, MIENTRAS ORABA EN MI CASA, **VI QUE SE PUSO DELANTE DE MÍ UN VARÓN CON VESTIDO RESPLANDECIENTE,**

³¹ Y ME DIJO: "CORNELIO, TU ORACIÓN HA SIDO OÍDA, Y TUS LIMOSNAS HAN SIDO RECORDADAS DELANTE DE DIOS. **RVR 1995**

Cuando Cornelio y su grupo se enteraron de la experiencia de Jesús, deben haber comprendido que el ángel que se apareció a

Cornelio era Cristo Jesús, el Adán resucitado. Debieron también haber recibido un conocimiento sobrenatural del *Evangelio del Reino* (que Cristo puede ser formado en los no judíos también), porque recibieron el Espíritu Santo.

La Semilla Viril del Señor Jesús

Entonces Pedro, percibiendo lo que pasó, ordenó que Cornelio y su grupo debieran recibir la semilla viril de Cristo, la palabra implantada, la mayor expresión del *bautismo en el nombre del Señor Jesús*.

Hechos 10:47

> [47] ENTONCES RESPONDIÓ PEDRO: — ¿PUEDE ACASO ALGUNO IMPEDIR EL AGUA, PARA QUE NO SEAN BAUTIZADOS **ESTOS QUE HAN RECIBIDO EL** ESPÍRITU SANTO LO MISMO QUE NOSOTROS? **RVR 1995**

Siento decepcionarlos a todos ustedes que piensan que Pedro ordenó a Cornelio a ser bautizado en agua…

Hechos 10:48

> [48] **Y MANDÓ BAUTIZARLOS EN EL NOMBRE DEL SEÑOR JESÚS.** ENTONCES LE ROGARON QUE SE QUEDARA POR ALGUNOS DÍAS. **RVR 1995**

… Pero el texto griego interlineal revela que Pedro dijo,

Hechos 10:48 - TA: Satanás, *el agua* [espiritual], *pudo haber detenido a estos hombres de ser bautizados, pero ellos han recibido el Espíritu Santo, así como nosotros lo hemos recibido,* [por lo tanto, deben ser bautizados en el Nombre del Señor Jesús también] (**TAB**)

Por supuesto, para recibir esta traducción, uno debe tener una revelación de que *Satanás* es el agua espiritual en la que la imagen de este mundo está apareciendo, y que cualquier partícula negativa (en este caso, la palabra, "*no*") puede ser traducida, *Satanás*.

Pedro estaba diciendo que el Espíritu Santo era evidencia de que Cornelio y su grupo fueron elegibles para tener a Cristo formado en ellos. El fracaso de Satanás en evitar que recibieran el Espíritu Santo era una prueba de que Cornelio y su grupo habían confesado sus pecados y se habían arrepentido.

Al parecer, Cristo ya se había levantado *por fe* en Cornelio, como lo fue en muchos de los judíos, pero Cristo levantado por fe solamente no tiene ninguna raíz. El Espíritu Santo, por el contrario, se adhiere al espíritu humano y levanta a Cristo *de la semilla*.

Ahora, puesto que la personalidad se salva cuando es *injertada* (o implantada), o es adoptada por el Cristo adherido (o implantado), es evidente que una personalidad adherida a Cristo, que ha sido levantada por fe (no por semilla), no tiene ningún fundamento perdurable (raíz) dentro de sí misma.

<u>1 Co. 3:11</u>

[11] *NADIE PUEDE PONER OTRO FUNDAMENTO* QUE EL QUE ESTÁ PUESTO, EL CUAL ES JESUCRISTO. **RVR 1995**

Las personas pueden hablar en lenguas sin el bautismo de agua cuando Dios recibe el sacrificio de su humildad. Pero tenga cuidado de que no se esté fomentando la rebelión o la arrogancia hacia Dios, su pastor, o su congregación local por el pensamiento de que no es necesario el bautismo en agua.

Fui bautizada en agua después de haber recibido el Espíritu Santo. Estaba suficientemente desesperada como para hacer cualquier cosa que pudiera traer la misericordia de Dios sobre mí y mi familia.

Así que vemos que el orden ideal es: El bautismo en agua, la fe que Cristo se levantará de entre los muertos en nosotros, recibir el Espíritu Santo (con el testimonio de hablar en nuevas lenguas), y recibir la palabra implantada. Pero no siempre experimentamos las promesas del Nuevo Testamento en ese orden. Hablé en lenguas antes de ser bautizada en agua.

Muchos en la Iglesia hoy en día tienen fe de que Jesús es el Salvador, han sido bautizados en agua y tienen una relación con el Espíritu Santo, pero no entienden de la palabra implantada y la adopción de su personalidad.

Usted tiene que ser bautizado en el Nombre del Señor Jesucristo, y eso no quiere decir sumergir la cabeza bajo el agua por alguien diciéndole: *En el nombre del Señor Jesús.*

El bautismo en el Nombre del Señor Jesús es el injerto de la "semilla viril" del Señor Jesús a su espíritu humano, y esto sólo se puede obtener de alguien que tiene la semilla viril de Jesús.

Si usted tiene el Espíritu Santo, porque un hombre puso sus manos sobre ti, pero la semilla viril del Señor Jesús no ha sido implantada a su espíritu humano, es probablemente porque usted no ha oído, o no ha creído en el Evangelio del Reino.

La señal de la fertilidad espiritual es la esperanza de que Cristo sea formado en nosotros. Pero si usted no ha oído el mensaje, no se puede tener la esperanza y sin esperanza, no puede haber fe, porque Cristo es nuestra fe.

Filipenses 3:9

⁹ Y SER HALLADO EN ÉL, NO TENIENDO MI PROPIA JUSTICIA, QUE SE BASA EN LA LEY, *SINO LA QUE SE ADQUIERE POR LA FE EN CRISTO,* LA JUSTICIA QUE PROCEDE DE DIOS Y SE BASA EN LA FE. **RVR 1995**

Cuando se planta una semilla de vegetales en su jardín, se tarda bastante tiempo antes de que la semilla produzca una planta madura con su propia semilla. Esto también es cierto para los cristianos. No todo el mundo que ha recibido la semilla viril del Señor Jesús tiene semilla viril para darla a conocer o compartirla. Incluso si usted encuentra a alguien que tiene la semilla viril del Señor Jesús, aun así, El Señor Jesús debe estar dispuesto para impregnarlo a usted.

Sentado en una reunión no se le va a impartir a Cristo. Jesús está en control de todo. Muchos rebeldes en la Iglesia piensan que están en control, pero no lo están. La semilla viril de Jesús sólo se implantará en aquellos que tienen un corazón contrito y humilde. Por eso Santiago dice, *recibid con mansedumbre la palabra implantada, la cual puede salvar vuestras almas*.

PREGUNTA: ¿Qué porcentaje de personas son bautizadas en el Nombre de Jesús?

PASTORA VITALE: Bastantes.

Jesús dijo,

Juan 4:35

> [35] ¿NO DECÍS VOSOTROS: "AÚN FALTAN CUATRO MESES PARA QUE LLEGUE LA SIEGA"? YO OS DIGO: *ALZAD VUESTROS OJOS Y MIRAD LOS CAMPOS, PORQUE YA ESTÁN BLANCOS PARA LA SIEGA.* **RVR 1995**

Contrariamente a la opinión de muchos en la Iglesia de hoy, Cristo es el que está siendo "cosechado", o cortado de la mente carnal (naturaleza pecaminosa), para que Él pueda ascender y cubrirla. Esta condición espiritualmente elevada es llamada *perfección*, o *estatura completa*.

Jesús dijo,

Lucas 10:2

> [2] ...Y LES DIJO: «LA MIES A LA VERDAD ES MUCHA, PERO LOS OBREROS POCOS; POR TANTO, *ROGAD AL SEÑOR DE LA MIES QUE ENVÍE OBREROS A SU MIES.* **RVR 1995**

Él quiso decir, Orad por los muchos que han recibido el bautismo en el Nombre del Señor Jesús (la Palabra implantada) que puedan librar la batalla espiritual en contra de su propia mente carnal, para separar (cosechar) su Mente de Cristo del vino falso.

Ascensión sobre la naturaleza de pecado

En general, el mundo de Iglesia rechaza el *Evangelio de la perfección; la buena noticia de que el hombre mortal puede ascender por encima de su naturaleza de pecado y entrar en la vida eterna.*

Los creyentes maduros que esperan que Cristo aparezca en el hombre mortal se sorprenden al escuchar que el *Evangelio de la perfección* es parte de, y no se puede separar de la *Doctrina de Cristo* (la comprensión espiritual de la Escritura). Estoy hablando de hermanos que saben que el *rapto* no es físico, sino que es la ascensión espiritual del creyente individual.

De acuerdo a mi conocimiento, la mayoría de los hermanos que aceptan la *Doctrina de la Adopción* (la creencia de que el hombre mortal puede convertirse en un hijo de Dios) también creen en un infierno literal eterno, conocido como la *condenación eterna.*

La verdad es que *este mundo presente*, el cual es una mezcla del bien y el mal, *es el infierno en el que la creación cayó* después que Adán se sometió a su propia maldad, en lugar de someterse a Jehová. Este mundo tuvo un principio, y llegará a su fin. Dios no castiga a la gente para siempre y por siempre. Él es el dador de la vida.

Muchos en el campamento de la Adopción prefieren la doctrina de la *condenación eterna* por encima de la verdad de que el juicio eterno es la restricción para siempre sobre la mente carnal a través de Cristo Jesús. Este principio se expresa en el Nuevo Testamento como la *imposición de las manos*, o cobertura por la mente de Cristo.

He. 6:2

² DE LA DOCTRINA DE BAUTISMOS, *DE LA IMPOSICIÓN DE MANOS*, DE LA RESURRECCIÓN DE LOS MUERTOS Y DEL JUICIO ETERNO. **RVR 1995**

Suprema Reconciliación

Algunos se inclinan hacia la **Doctrina de la Suprema Reconciliación**, la cual enseña que:

- Adán nunca cayó,

- La humanidad NO es dominada por la naturaleza de pecado heredada, la cual suplantó a Adán, su mente justa,

- Dios es responsable por la condición espiritual débil de la humanidad, porque Él nos hizo de esta manera, y

- Dios es el autor de todas las experiencias negativas, las cuales Él ha ordenado con el propósito de madurar a la humanidad,

POR LO TANTO,

Cada personalidad y cuerpo físico que haya aparecido alguna vez en la tierra será resucitado,

CUANDO

Cristo en el individuo vence las inmadureces espirituales de la humanidad, y el hombre en su totalidad entra en la **perfección**,

DICHO EVENTO OCURRIRA

Sin exponer y destruir su naturaleza más baja (pecado),

PORQUE

Dios deliberadamente puso debilidad en su creación, para que El pudiera madurarnos a través de experiencias superadas.

Pero esto no es cierto. Nuestro espíritu humano es vivificado a través de la unión con el Espíritu de Cristo. . .

Ro. 8:11

[11] Y SI *EL ESPÍRITU DE AQUEL QUE LEVANTÓ DE LOS MUERTOS A JESÚS* ESTÁ EN VOSOTROS, EL QUE LEVANTÓ DE LOS MUERTOS A CRISTO JESÚS VIVIFICARÁ TAMBIÉN VUESTROS CUERPOS MORTALES POR SU ESPÍRITU QUE ESTÁ EN VOSOTROS. **RVR 1995**

. . . pero nuestra personalidad (alma) está muerta, por causa de nuestra naturaleza de pecado heredada.

Dios es el Dios de los vivos. Él es el Dios del espíritu del hombre. Nuestra personalidad (alma) y el cuerpo físico se nos han sido dados por la temporada limitada de esta existencia presente.

El espíritu humano continuará regresando al Padre en un ciclo interminable de nacimientos y muertes, hasta que Cristo en el individuo es despertado, vivificado, resucitado de entre los muertos, a través de la unión con el Espíritu de Cristo; y los cuerpos físicos de este mundo continuarán muriendo hasta que Cristo madura en la medida en que Él puede sostener la vida de la personalidad y el cuerpo físico en el que Él vive.

1 Co. 6:17

[17] PERO EL QUE *SE UNE AL SEÑOR*, UN ESPÍRITU ES CON ÉL. **RVR 1995**

He oído predicaciones que debemos ser amables con nuestra naturaleza inferior (pecado) porque ella ha padecido suficiente. Pero yo te digo a ti, No seas agradable con su mente carnal, sino que destrúyela antes de que mate a Cristo, si es que Él ha resucitado en ti.

Muchos continuarán creyendo que están predicando el verdadero Evangelio de Dios hasta que experimenten la *resurrección de los injustos* (unión espiritual con el Dragón en lugar del Señor Jesús, que está arriba).

<u>Ap. 12:4</u>

⁴ SU COLA ARRASTRÓ LA TERCERA PARTE DE LAS ESTRELLAS DEL CIELO Y LAS ARROJÓ SOBRE LA TIERRA. Y *EL DRAGÓN SE PARÓ FRENTE A LA MUJER QUE ESTABA PARA DAR A LUZ,* A FIN DE DEVORAR A SU HIJO TAN PRONTO COMO NACIERA. **RVR 1995**

Reconciliados con el Señor Jesús

Te dije antes que hay dos niveles del **bautismo con el Espíritu Santo**. En el nivel inferior, **recibes** el Espíritu Santo (hablaremos más sobre esto más adelante), y en el nivel mayor, eres **lleno** del Espíritu Santo, que es lo que experimentaron los apóstoles.

Así mismo, hay dos niveles del **bautismo en el Nombre del Señor Jesús.** En el nivel mayor, recibes la palabra implantada, la cual imparte la fe del Hijo de Dios, que cree en el Evangelio de la perfección. En el nivel inferior, recibes el Espíritu Santo y la fe para creer que la semilla viril de Cristo puede ser formada en ti.

Los que no tienen relación con Cristo y ninguna comprensión de los principios espirituales tales como Satanás, el infierno y la muerte, pueden escuchar el Evangelio de la Cruz y recibir fe para salvación y **reconciliación** con Dios por medio del Señor Jesucristo.

Si nos fijamos en el mundo de la Iglesia de hoy, vemos que muchos han recibido la manifestación menor del **bautismo en el Nombre del Señor Jesús** (fe para tener a Cristo formado en ellos), y la manifestación menor del bautismo con el Espíritu Santo (semilla viril aún no implantada). Pero pocos han escuchado la **Doctrina de Cristo**, que sale hacia adelante en esta hora para llevar a la Iglesia a la madurez espiritual.

Madurez Espiritual

El Señor quiere a Su Iglesia bautizada en la manifestación mayor del *bautismo en el Nombre del Señor Jesús* (la Palabra implantada), y luego de eso, Él quiere que entremos en obediencia para que nos pueda *llenar* con el Espíritu Santo (estatura complete temporera), dondequiera que los propósitos del Reino de Dios lo requieran.

Hechos 13:9-11

⁹ ENTONCES SAULO, QUE TAMBIÉN ES PABLO, *LLENO DEL ESPÍRITU SANTO*, FIJANDO EN ÉL LOS OJOS,

¹⁰ LE DIJO: —¡LLENO DE TODO ENGAÑO Y DE TODA MALDAD! HIJO DEL DIABLO, ¡ENEMIGO DE TODA JUSTICIA! ¿NO CESARÁS DE TRASTORNAR LOS CAMINOS RECTOS DEL SEÑOR?

¹¹ AHORA, PUES, LA MANO DEL SEÑOR ESTÁ CONTRA TI, Y QUEDARÁS CIEGO Y NO VERÁS EL SOL POR ALGÚN TIEMPO. INMEDIATAMENTE CAYERON SOBRE ÉL OSCURIDAD Y TINIEBLAS; Y ANDANDO ALREDEDOR, BUSCABA QUIEN LO CONDUJERA DE LA MANO. **RVR 1995**

PREGUNTA: Algunas personas tienen una recepción sobrenatural del Señor. ¿Es eso lo que está hablando?

PASTORA VITALE: No, el *bautismo en el Nombre del Señor Jesús* es la maduración espiritual. Nuestra naturaleza caída se está reformando en la imagen del Señor Jesucristo. La gente como usted, por ejemplo, que han recibido el *bautismo con agua* y el Espíritu Santo, ahora están recibiendo el *bautismo en el Nombre del Señor Jesús*, que es un proceso que sólo Dios puede hacer.

Nuestra nueva naturaleza espiritual se está formando como un feto en el útero, y nuestros órganos espirituales están apareciendo uno a la vez. A las dos semanas tiene este órgano, y en tres semanas tiene este otro órgano, etc.

43

PREGUNTA: En otras palabras, ¿esta enseñanza va a crear nuestra nueva naturaleza?

PASTORA VITALE: El verdadero mensaje del Evangelio de la perfección, que no está disponible en todas partes en este momento, es el fruto del *bautismo en el Nombre del Señor Jesús*. No serías capaz de entenderlo si estuviera justo en frente de tu nariz, a menos que sea tu tiempo para experimentarlo.

La gran mayoría de los creyentes están gobernando su propia vida y no tienen idea de lo importante que es el bautismo. Ellos piensan que pueden escoger y elegir dónde van y lo que hacen, por lo que no es probable que reconozcan que la doctrina de Cristo   es   de   Dios.

Solamente los que siguen a Dios en cualquier lugar, que tienen hambre y sed de Él, y que le buscan con todo su corazón y alma, están entrando en la doctrina de Cristo en este momento.

Apocalipsis 14:4

[4] ESTOS SON LOS QUE NO SE HAN CONTAMINADO CON MUJERES, PUES SON VÍRGENES. *SON LOS QUE SIGUEN AL CORDERO POR DONDEQUIERA QUE VA.* ÉSTOS FUERON REDIMIDOS DE ENTRE LOS HOMBRES COMO PRIMICIAS PARA DIOS Y PARA EL CORDERO. **RVR 1995**

Los otros no están dispuestos a pagar el precio.

COMENTARIO: Esto me hace pensar cuando Jesús vino la primera vez. Los judíos lo rechazaron porque esperaban que El viniera de una manera en particular. Ahora, en el momento final, todo el mundo está a la espera un gran éxtasis y otras cosas, y no están en el lugar en el que puedan recibir lo que está sucediendo realmente.

PASTORA VITALE: El Señor está trayendo la Doctrina de Cristo y ofreciéndola a los que la tendrán en cuenta (o la recibirán), sin importarles en que forma, lugar o manera están cuando Él los llama. Ellos recibirán el entendimiento porque los otros, los que creen que pueden escoger o elegir la forma en que sirven a Dios, siguen la guía de propio espíritu.

Cinco Vírgenes

PREGUNTA: ¿No es esto como lo de las cinco vírgenes?

PASTORA VITALE: Sí, hubo cinco lámparas llenas, y cinco lámparas que no se llenaron. Muchos son los llamados, pero no se están llenando con el aceite de Cristo Jesús. Ellos son los que van a decir, ¿por qué no me lo dijiste, Señor? Y el Señor dirá, no tenía que explicártelo. Te llamé. Te dije: "Ven". Pero no pudiste distinguir que te estaba hablando a través de otra persona, porque Ni siquiera estabas buscándome a mí. No creías que podía hablarte a través de alguien que no fueras tú mismo. Estabas demasiado ocupado dirigiendo tu propia vida. Allí será el lloro y el crujir de dientes.

El Evangelio de la Perfección

Volviendo a nuestro tema, creo que hay muy pocos creyentes que están madurando en Cristo en esta hora, pero muchos están madurando en su mente carnal. La razón por la que vemos la mayor manifestación del bautismo en el libro de los Hechos, es que Pablo estaba allí para predicar el verdadero *Evangelio de Dios*.

El Señor me dijo que llamara este mensaje el *Evangelio de la perfección*, porque hay tantos predicadores por ahí que predican un *Evangelio del Reino* falsificado.

Pablo predicó el *Evangelio de la perfección* a los creyentes en el Libro de Hechos, pero hasta este momento presente, el verdadero *Evangelio de perfección* no ha estado disponible para el mundo de la Iglesia. Por el contrario, muchos están predicando que no se puede llegar a ser perfecto, sin embargo, la verdadera madurez espiritual es la perfección.

COMENTARIO: Cuando pensamos en perfección, pensamos en ser tan perfectos que somos como Dios, pero la madurez nos permite algunos errores.

PASTORA VITALE: Esto no es cierto, y es donde muchas personas pierden su comprensión. *Dios no está perfeccionando nuestra naturaleza de pecado. Él está acabando con nuestra naturaleza de pecado, y reemplazándola con su naturaleza.* Cristo, el Hijo de Dios en nosotros, es nuestra perfección.

Piense en usted como una cáscara vacía llena de plumas de pato. El Señor Jesús se está deshaciendo de todas las plumas de pato y nos está llenando de espuma de goma. Nos veremos igual, tendremos la misma familia, el mismo trabajo, y viviremos en la misma casa, sin embargo, nuestro interior espiritual, que es nuestra mente, habrá sido totalmente renovado. Esta es la madurez espiritual conocida como *perfección*.

Nuestra justicia es en Cristo, pero nuestra mente carnal (la naturaleza de pecado) no nos abandonará. Nuestra personalidad es femenina en relación con nuestra mente. Pablo dice:

> *Ro. 7:3 – TA: Si* **[una mujer] está casada con otro hombre [Cristo Jesús]** mientras que su esposo [la mente carnal] todavía vive, ella será llamada adúltera. Pero si su esposo está muerto [por causa del pecado], la ley no le aplica a ella, y ella no es una adúltera, aunque ella esté casada con otro hombre. (**TAB**).

Para responder a su pregunta, creo que hay muy pocas personas en esta hora que han recibido el *Evangelio de la perfección*, simplemente porque, en la medida de mi conocimiento, su disponibilidad es muy limitada.

Usted no va a entender la doctrina si tiene otros dioses delante de usted. Tampoco va a entender si el motivo es incorrecto, incluso si estuvo presente cada vez que Cristo predicó. El Señor Jesús está en control. No se pueden robar las cosas de Dios.

¿Tiene alguna idea de cómo muchas personas piensan que pueden robar las cosas de Dios? Algunos realmente creen que pueden robar los dones de otros creyentes. Simón el mago pensó que podía comprar el Espíritu Santo.

Hechos 8:18-19

¹⁸ CUANDO VIO SIMÓN QUE POR LA IMPOSICIÓN DE LAS MANOS DE LOS APÓSTOLES SE DABA EL ESPÍRITU SANTO, *LES OFRECIÓ DINERO,*

¹⁹ DICIENDO: —DADME TAMBIÉN A MÍ ESTE PODER, PARA QUE CUALQUIERA A QUIEN YO IMPONGA LAS MANOS RECIBA EL ESPÍRITU SANTO. **RVR 1995**

Es la ignorancia de la mente carnal. A eso es a lo que nos enfrentamos; la ignorancia de la mente carnal.

Pablo predicó el *Evangelio de la perfección* a los discípulos en Éfeso, y fueron bautizados en el nombre, o el Espíritu, del Señor Jesucristo cuando escucharon la Palabra. Su espíritu humano recibió la semilla viril fertilizada del Padre, y la segunda generación de Cristo comenzó a formarse en ellos. Así es como el Reino de Dios se imparte a nosotros. El Reino de Dios es Cristo en vosotros, la esperanza de gloria,

Col 1:27

²⁷ A ELLOS, DIOS QUISO DAR A CONOCER LAS RIQUEZAS DE LA GLORIA DE ESTE MISTERIO ENTRE LOS GENTILES, QUE ES CRISTO EN VOSOTROS, ESPERANZA DE GLORIA: **RVR 1995**

Verso 6, Pablo impuso sus manos sobre ellos y el Espíritu Santo vino sobre ellos. La Escritura no dice que fueron bautizados. Dice que el Espíritu Santo vino sobre ellos.

Hechos 19:6

Y *HABIÉNDOLES IMPUESTO PABLO LAS MANOS, VINO SOBRE ELLOS EL ESPÍRITU SANTO*; Y HABLABAN EN LENGUAS Y PROFETIZABAN. **RVR 1995**

La palabra griega traducida *vino*, significa *surgir o levantarse* o que *aparezca*.

La indicación es que Cristo estaba ya dentro de los judíos que escucharon el **Evangelio del Reino**. Cuando creyeron, el Espíritu Santo vino sobre ellos, y Cristo se levantó. Los judíos creyentes experimentaron la resurrección de Cristo por el hablar en lenguas y porque profetizaban.

Es un gran misterio que Cristo sea una semilla heredada y que sea a la vez una nueva semilla del Señor Jesús. La semilla que los judíos heredaron de Abraham...

Gal 3:16

AHORA BIEN, *A ABRAHAM FUERON HECHAS LAS PROMESAS, Y A SU DESCENDENCIA* [SIMIENTE]. NO DICE: «Y A LOS DESCENDIENTES», COMO SI HABLARA DE MUCHOS, SINO COMO DE UNO: «Y A TU DESCENDENCIA», LA CUAL ES CRISTO. **RVR 1995**

. . . es una semilla femenina, y la semilla que heredamos del Señor Jesús es ambas, masculina y femenina. Es una semilla fertilizada, completamente equipada para regenerar al Justo Adán [Cristo Jesús] en el individuo.

Perfección Espiritual

COMENTARIO: En mis comienzos como creyente, el Señor me dijo, "¿Vendrás cuando te llame?" ¡Pensé que me estaba llamando al rapto!

PASTORA VITALE: No importa en cual mal estado estemos por una falsa doctrina o malentendido. El corazón que tiene

4

hambre y sed de Cristo lo encontrará, porque lo queremos tanto a El que perseguimos el más mínimo indicio de que esta *nueva cosa* podría ser él. No seremos dejados ni abandonados.

COMENTARIO: Pensé que salir de una iglesia, y luego de otra iglesia, era parte del proceso de maduración. Pensé que cada iglesia fue un llamado diferente, pero para finalmente estar en ninguna parte sino en mi propio hogar, se vuelve más y más solitario.

PASTORA VITALE: ¡Sí, cuéntamelo! Es un caminar muy solitario, y las pruebas son graves, pero sin duda vale la pena en vista de lo que nos está ofreciendo. No conozco muchos cristianos que realmente tengan una visión de lo que Dios nos está ofreciendo. Pero incluso aquellos que entienden, realmente no creen que la *perfección espiritual* sea posible en su vida. Pero la madurez espiritual en Cristo Jesús, sí está disponible en nuestra vida. Es real.

En mi opinión, la gran mayoría de la gente que cree en *Adopción* y en la *Reconciliación Suprema* no se está moviendo hacia la *perfección spiritual* porque están abrazando un mensaje falso.

La *Perfección Espiritual* requiere escuchar y creer el *Evangelio de la perfección,* mientras que es predicado bajo la unción. Si tú crees en *Adopción*, pero también crees que aquellos fuera de Cristo se quemarán en un infierno para siempre, no estás creyendo en el verdadero *Evangelio de Dios*.

Si crees en la *Reconciliación Suprema*, pero también crees que no tienes una naturaleza de pecado, o que no tienes que librar guerra contra tu mente carnal, o que ascenderás automáticamente, entonces no crees en el verdadero *Evangelio de Dios*.

Ambos campamentos están abrazando un evangelio falso. No importa cuánto suene como algo real, lo mezclado es Anti-Cristo. O tienes el verdadero mensaje o simplemente no lo tienes. O tienes la semilla viril del Señor Jesucristo, o tienes una simiente corrupta la cual solamente puede producir muerte. Esta es una obra dura.

COMENTAIO: Puedo ver por qué el enemigo no quiere que la gente escuche este mensaje. Los hará libres

PASTORA VITALE: Sí. Antes me molestaba cuando alguien rechazaba este mensaje, pero ya no me molesta. Estoy todavía madurando en Cristo también. Llegas a un lugar, eventualmente, donde haces lo que el Señor te dice que hagas, un día a la vez.

Tras el llamado de Dios

Esta mañana Bárbara hizo desayuno para Rosemary y para mí, y me preguntó si podría llevarla a la biblioteca. No sabía que predicaría esta noche, pero si sabía que el Señor me había aprehendido porque ya había comenzado a estudiar. No sabía cómo decirle que *no* a Bárbara porque era una invitada en la casa de su suegra, así que le dije "*bien*" sin siquiera haber orado al respecto. Pero cuando iba de regreso a mis estudios, el Señor me aprehendió con mucha más fuerza.

Bárbara bajó las escaleras una hora más tarde y me dijo que lo olvidara porque no podía ir para la biblioteca de todos modos. Ni siquiera ore sobre esto. Pero Dios sabía que mi corazón estaba inclinado a buscarle, y Él se encargó de esto. El hará lo mismo con tu esposo, y tus hijos. El abrirá un camino si tú estás dispuesto(a) realmente a inclinar tu vida hacia Él.

Él es el Señor de tu vida, o no lo es. Yo te digo que Jesús no es Señor sobre la vida de cualquiera que decide que no puede venir a una reunión que ha sido hecha bajo una cita especial, sin primero preguntarle a Él si quiere que ellos vengan.

Ahora, necesitas tener discernimiento espiritual. No estoy hablando sobre predicadores que te fuerzan a venir a sus reuniones. Un predicador que te llama porque quiere ver su iglesia llena, es una cosa. Pero cuando Jesús llama a una reunión, debes estar dispuesto a obedecer al Señor si El abre camino. Simplemente dices, "Señor, si quieres que asista, ábreme camino." Luego si no se abre una puerta, tu conciencia está clara. Pero tienes que hacer la oración.

COMENTARIO: Es gracioso que hables sobre esto. Yo hice todas esas llamadas invitando a la gente a venir a las reuniones, y luego me sentaba a leer. Pero sentía convicción, así que hacía más llamadas. Me hacía pensar en la Escritura, *"Esfuérzalos a entrar"*, pero ellos no querían venir.

PASTORA VITALE: Muchos no vendrán, porque no tienen entendimiento.

Hubo un evangelista de Florida en mi área cerca de unos ocho meses atrás. Usualmente no asisto a estas reuniones, pero cuando alguien me llamó para informarme de las reuniones, hice lo mismo que hicieron aquellos que no vinieron hoy. Le dije, *creo que no iré*, sin orar acerca de esto. Dios sabe que mi corazón está inclinado hacia Él, pero que cometo errores de tiempo en tiempo, así que Él tiene misericordia conmigo.

Tarde en la noche (muy tarde como para salir fuera sin razón alguna), comencé a dar vueltas en mi coche sin saber hacia dónde iba. Terminé llegando al frente de la iglesia donde este evangelista estaría predicando. Estaba cerca, pero salí del auto y caminé hacia la iglesia pensando, *Señor, ¿qué hago aquí?* Cuando me acerqué a las puertas de cristal, vi que había una hoja suelta pegada a la puerta que anunciaba al evangelista. Tan pronto como la vi, supe que este fue el mismo evangelista que había decidido no venir a ver, y comprendí que el Señor me estaba diciendo que fuera.

Esta iglesia tiene dos reuniones los domingos: 8:30 a.m. y 10:30 a.m. Fui al servicio de las 8:30 a.m., pero recibí convicción de ir también al de las 10:30 a.m. Luego de esto, asistí todos los días. El predicó en los siete servicios y el último era sobre milagros financieros – para el tiempo que necesitaba un milagro financiero. Decidí asistir, y llamar a varias personas que el Señor me dijo que invitara.

Conocía a una pareja que estaba teniendo dificultades financieras severas, y les dije, *El Señor me dijo que los invitara a asistir*. Pienso que no me creyeron cuando les dije que *El Señor me dijo*, porque estaban muy ocupados para venir.

Luego llamé a otra mujer quien, hasta donde yo sabía, no tenía problemas financieros. Ella dijo, *Ho, ¿quieres decir que el Señor te dijo que me llamaras?* Le dije, *Sí*, pero no vino tampoco, y la próxima vez que la vi me pidió que la excusara.

Le contesté, *No tienes que excusarte conmigo, llamé por ti, no por mí*. Entonces me contó, sin siquiera comprender lo que me decía, cuán grande necesidad financiera ella tenía. Esta mujer, que es una creyente madura, no tuvo el entendimiento de que Dios quería suplir su necesidad en ese servicio.

Ella sabe que yo soy una mujer de Dios, pero no podía conectarse con lo que le dije. No podía creer que Dios realmente me había dicho que la invitara, y que tenía la intención de responder a su necesidad a través del ministerio de ese hombre.

¿Cuál es el problema? El problema es la mentira que circula en la Iglesia de hoy, que si usted tiene alguna madurez en Cristo, usted no tiene que ir a la iglesia.

Por supuesto, usted no tiene que ir a la iglesia, si Dios le dice que no debe ir. Pero si usted ha estado orando por una necesidad económica extrema durante seis meses, y Dios dice, *voy a satisfacer sus necesidades a través de este evangelista de Florida*, usted debería correr a esa iglesia. Toda la intención que Dios tenía para usted a través de ese ministerio se pierde, si no vas cuando te llama.

¿Dios no le ayudará de alguna otra manera? Tal vez lo hará, pero tal vez no lo hará. Depende de la actitud de su corazón. ¿Reconocerá el siguiente intento del Señor para responder a su oración? ¿Cuánto tiempo le llevará echar mano de su provisión sobrenatural, si no puede reconocerla cuando se manifiesta?

Hay otra doctrina falsa que circula entre los creyentes maduros hoy en día, muchos de los cuales han sido llamados. Ellos piensan que en esta hora, Cristo se manifiesta a sí mismo sólo a través de ellos mismos. Esta es una creencia muy peligrosa. La verdad es que el Señor Jesús puede satisfacer sus necesidades de cualquier manera que Él quiera, - y esto incluye a través de otros creyentes.

Debemos estar preparados para levantarnos y movernos cuando Él nos llama, porque Cristo se manifiesta en los numerosos miembros del cuerpo de Cristo. Algunas personas tienen dones que otros no tienen. Algunos tienen el don de la curación, otros tienen el don de bendiciones financieras. Esto es verdad. El pensar que no es necesario el ministerio que Dios ha puesto en otro creyente, es la máxima manifestación de orgullo.

El Espíritu Santo - Un anticipo del bautismo

El Evangelio de la Cruz, el mensaje predicado en la iglesia de hoy, imparte la fe para creer que hay *salvación en el nombre del Señor Jesucristo.*

El Bautismo en Agua, el bautismo menor en el Nombre del Señor Jesús, imparte *el Espíritu Santo* y *fe para creer que Cristo puede ser resucitado en el individuo.*

¿Qué estoy diciendo? La Iglesia no está experimentando el *BAUTISMO con el Espíritu Santo* hoy día. La Iglesia está *RECIBIENDO*, o *EXPERIMENTANDO*, el Espíritu Santo.

La Iglesia también está experimentando una medida del *bautismo en el Nombre del Señor Jesús*, lo cual *injerta la semilla viril del Señor Jesucristo* al espíritu humano. También promete el Espíritu Santo a aquellos que creen el *Evangelio de la Perfección*. Esto es lo que Jesús está hablándole a los apóstoles,

Hechos 1:5

Jesús no dijo que ellos *RECIBIRIAN* el Espíritu Santo, ni tampoco dijo que el Espíritu Santo *VENDRIA SOBRE ELLOS.* Jesús les dijo a los apóstoles, series *BAUTIZADOS* con el Espíritu Santo.

CORNELIO

Pedro le predicó el *Evangelio de la Cruz* a Cornelio y a su banda italiana, y ellos experimentaron el Espíritu Santo.

Hechos 10:38-39

> [38] CÓMO *DIOS UNGIÓ CON EL ESPÍRITU SANTO Y CON PODER A JESÚS DE NAZARET,* Y CÓMO ÉSTE ANDUVO HACIENDO BIENES Y SANANDO A TODOS LOS OPRIMIDOS POR EL DIABLO, PORQUE DIOS ESTABA CON ÉL.

> [39] NOSOTROS SOMOS TESTIGOS DE TODAS LAS COSAS QUE JESÚS, A QUIEN MATARON COLGÁNDOLO EN UN MADERO, HIZO EN LA TIERRA DE JUDEA Y EN JERUSALÉN: **RVR 1995**

Pedro no está predicando el Evangelio de la Perfección a los gentiles. *El Evangelio de la Perfección es predicado a los judíos.* Juan el bautista bautizó en agua a los judíos, *pero los gentiles escucharon el Evangelio de la Cruz.*

Hechos 10:44

> [44] MIENTRAS AÚN HABLABA PEDRO ESTAS PALABRAS, *EL ESPÍRITU SANTO CAYÓ SOBRE TODOS LOS QUE OÍAN EL DISCURSO. . .* **RVR 1995**

El Evangelio de la Cruz es para los gentiles

Los gentiles no fueron *BAUTIZADOS* con el Espíritu Santo. El Espíritu Santo *CAYO SOBRE LOS GENTILES* quienes no tenían conocimiento de las Escrituras. Esa palabra griega significa *aprehensión mental por la fuerza*, o *posesionar*. El

Espíritu Santo aprehendió a los hombres que escucharon el Evangelio de la Cruz predicado, y posesionó su mente carnal.

El Evangelio del Reino es para el judío

El *Evangelio del Reino, el mensaje que Cristo puede ser formado en el individuo*, es predicado a los judíos o a los gentiles que creen que el Señor Jesús es el Hijo de Dios. Cuando se entiende que Cristo puede ser formado en ellos también, el Espíritu Santo es dado para levantar a Cristo, la semilla de Abraham en ellos, de la muerte.

Te puedo sugerir que el Espíritu Santo, como lo vemos en la Iglesia de hoy, es la misma medida del Espíritu Santo que discernió sobrenaturalmente que Cristo podía ser levantado en Cornelio y su grupo cuando escucharon el *Evangelio de la Cruz*.

El mensaje de un *Salvador personal*, no el mensaje de que Cristo puede ser formado en ti, *imparte el Espíritu Santo sin semilla*. El mensaje de un Salvador *personal imparte un entendimiento básico del plan de Dios para la humanidad a través de Jesucristo.*

El mensaje de que Cristo puede ser formado en el individuo imparte un entendimiento maduro sobre cómo puede esto suceder.

El Evangelio de la cruz y el Evangelio del Reino son dos aspectos del mensaje singular.

Hechos 10:45

[45] Y LOS FIELES DE LA CIRCUNCISIÓN QUE HABÍAN VENIDO CON PEDRO SE QUEDARON ATÓNITOS DE QUE TAMBIÉN SOBRE LOS GENTILES *SE DERRAMARA EL DON DEL ESPÍRITU SANTO*. **RVR 1995**

No dice *BAUTIZADO CON*, sino que dice *DERRAMADO SOBRE*. El don del Espíritu Santo fue derramado sobre ellos por Pedro, y ellos supieron lo que les sucedió,

Hechos 10:46

> [46] PORQUE *LOS OÍAN QUE HABLABAN EN LENGUAS Y QUE GLORIFICABAN A DIOS. . .* **RVR 1995**

PREGUNTA: ¿El bautismo en agua es el sello?

PASTORA VITALE: El bautismo en agua es la señal o la prenda de que Jesús hizo un pacto contigo. Tú haces tu pequeña parte y Jesús hace el resto. Ese es el tamaño de esto.

El verdadero judío tiene el *Evangelio del Reino*. Si estas recibiendo el *Evangelio del Reino* en esta hora, eres un verdadero judío. Muchos en la iglesia de hoy no han escuchado, o no creen, el *Evangelio de la Perfección*. Estos judíos (espiritualmente) incircuncisos están todavía controlados por su mente carnal, aunque hayan recibido el Espíritu Santo.

La compañía de los Primeros Frutos (Primicias)

No se preocupe si usted no ha escuchado o no comprende el *Evangelio de la Perfección*. Sólo pregúntele al Señor Jesús por esto.

Sin embargo, no se deje engañar. El conocimiento del *Evangelio de la Perfección* seguramente traerá sobre usted las pruebas de fuego que exponen su naturaleza de pecado.

1 Pedro 4:12

> [12] AMADOS, NO OS SORPRENDÁIS *DEL FUEGO DE LA PRUEBA QUE OS HA SOBREVENIDO*, COMO SI ALGUNA COSA EXTRAÑA OS ACONTECIERA: **RVR 1995**

Dichas pruebas son su oportunidad para arrepentirse de pecados específicos y vencer su mente carnal, un requisito mayor para ir hacia la perfección.

Jehová es un Dios bueno y misericordioso. El restaurará esta creación completa, a través del Señor Jesucristo, hacia una madurez espiritual más grandiosa que la que tuvo Adán cuando falló en distinguir entre su propio lado bueno y su lado malvado. No todos ascenderemos al mismo tiempo. Cada hombre será restaurado hacia una madurez espiritual a la medida que el Señor lo llame. Pero habrá una *compañía de Primeros Frutos o Primicias de creyentes quienes* se levantarán para ayudar a aquellos que vienen después de ellos.

Este mensaje, de que algunos ascenderán primero que otros, ofende a algunos cristianos quienes lo perciben como un mensaje elitista. Pero, ¿no existe esta misma relación hoy día entre aquellos quienes han recibido al Señor Jesús como Salvador y aquellos que no lo han recibido todavía? Y, ¿No hay ya una compañía de Primeros Frutos los cuales han recibido al Espíritu Santo antes que los otros quienes están por seguirlos?

Intimidad Espiritual

PREGUNTA: ¿Es la respuesta de Jesús, *"Nunca os conocí"*, algo similar?

PASTORA VITALE: Cuando Jesús dijo, **Nunca los conocí,** Él estaba hablando de intimidad espiritual. El experimentar el Espíritu Santo no es la misma cosa que casarse con el Señor Jesús.

El Espíritu Santo forma relaciones personales con la mente carnal del hombre mortal, pero el Señor Jesús, quien está arriba, se involucra en intimidad espiritual con la Mente de Cristo. Cristo debe ser plantado en el individuo, ya sea por la fe, o por injerto, antes de poder tener intimidad con el Señor Jesús.

El Espíritu Santo, el cual carga la semilla del Señor Jesús, es dado para establecer una relación con el espíritu humano y levanta a Cristo en el hombre que lo recibe. El aceite de Cristo Jesús, quien está arriba, se junta con el Cristo madurando en el individuo. *El Cristo levantado (resucitado) en el individuo, no el Espíritu Santo, es nuestro Salvador personal* y nuestra nueva vida, la cual está arraigada y enraizada en la justicia.

Cristo Jesús es Salvador

Si usted cree que el Espíritu Santo puede suplir todas sus necesidades espirituales, usted es como uno que dice, *Yo no quiero estar envuelto en mi propia liberación, simplemente golpee todos estos demonios fuera de mí, y estaré bien.*

El Señor Jesús quiere una novia de Su propia línea de familia, lo cual es Cristo en nosotros. Nuestra mente carnal, la cual es un extranjero, un extraño para El, no lo satisfará a Él.

Gen 24:3-4

> [3] Y JÚRAME POR JEHOVÁ, DIOS DE LOS CIELOS Y DIOS DE LA TIERRA, QUE *NO TOMARÁS PARA MI HIJO MUJER DE LAS HIJAS DE LOS CANANEOS*, ENTRE LOS CUALES YO HABITO,

> [4] SINO QUE IRÁS A MI TIERRA Y A MI PARENTELA *A TOMAR MUJER PARA MI HIJO ISAAC*. RVR 1995

Hace poco leí en un boletín de un ministerio conocido, que dos poderes espirituales están luchando por la humanidad, pero que nosotros no tenemos ninguna parte activa en la guerra. Cualquier mensaje que enseña pasividad al cuerpo de Cristo es una mentira.

Cuando Cristo bombardea a Satanás, lo sentimos, y cuando Satanás bombardea a Cristo lo sentimos también. Estamos justo en medio de esta guerra, y nuestra decisión de alinearnos con Satanás o con Cristo, afecta el resultado de toda nuestra vida.

La Personalidad no es Resucitada

PREGUNTA: ¿Por qué necesitaríamos una armadura si no fuéramos parte de la guerra?

PASTORA VITALE: Somos parte de la Guerra. Participamos de la guerra cuando escogemos de qué lado nos vamos a alinear.

El tiempo en que Cristo aparecerá en la multitud está muy cercano, pero a medida que la verdadera doctrina sale hacia fuera, las herejías están también apareciendo.

1 Co. 11:19

> [19] *ES PRECISO QUE ENTRE VOSOTROS HAYA DIVISIONES [HEREJÍAS]*, PARA QUE SE PONGAN DE MANIFIESTO ENTRE VOSOTROS LOS QUE SON APROBADOS. **RVR 1995**

Los ministerios que han estado enseñando sana doctrina por 20 y 30 años están cayendo en falsa doctrina. La verdad es muy dura. Algunas personas se enojan con la enseñanza de que la personalidad no es resucitada, especialmente si están agarrados a la memoria de los familiares muertos, una madre, o un esposo, por ejemplo.

Estamos supuestos a estar muriendo a nuestro yo y viviendo para Cristo, para que el propósito de Dios sea llevado a cabo a través de nosotros. Si el pensamiento de ver a tu madre, o cualquier otro familiar muerto cuando llegues al otro lado, es lo que te mantiene vivo, ese deseo es un ídolo en tu corazón. Mucha gente tiene problemas con eso.

Cristo es la única Realidad

Pablo llama a las cosas de este mundo *estiércol*, diciendo que la maduración de Cristo es la única cosa significante.

Filipenses 3:8

> 8 Y CIERTAMENTE, AUN ESTIMO TODAS LAS COSAS COMO PÉRDIDA POR LA EXCELENCIA DEL CONOCIMIENTO DE CRISTO JESÚS, MI SEÑOR. POR AMOR A ÉL *LO HE PERDIDO TODO Y LO TENGO POR BASURA [ESTIÉRCOL]*, PARA GANAR A CRISTO, **RVR 1995**

Pablo sabía que cada otro aspecto de esta vida temporera cesará de existir, sea cuando el individuo muera, o cuando esta era se enrolle como un pergamino y se extinga como una luz. Solo Cristo continuará madurando hasta que Cristo Jesús aparezca en esa última generación.

Cristo es la única realidad. Nuestra vida es valiosa porque Cristo vive en nosotros. Ya no más nos identificamos con nuestro cuerpo físico o con nuestras emociones después que entregamos nuestra personalidad a Cristo.

Cristo está en nosotros, pero por causa de que Él es tan inmaduro, con frecuencia no podemos entender, o creer esta verdad. Podemos medir la penetración de Cristo en nuestra vida cotidiana por la medida en que los ídolos en nuestro corazón han sido aplastados.

Ezequiel 14:3

> 3 «HIJO DE HOMBRE, *ESTOS HOMBRES HAN PUESTO SUS ÍDOLOS EN SU CORAZÓN* Y HAN ESTABLECIDO EL TROPIEZO DE SU MALDAD DELANTE DE SU ROSTRO. ¿ACASO HE DE SER YO EN MODO ALGUNO CONSULTADO POR ELLOS? **RVR 1995**

Agua Física, Agua Espiritual

Hechos 10:44-45, 47

[44] MIENTRAS AÚN HABLABA PEDRO ESTAS PALABRAS, EL *ESPÍRITU SANTO CAYÓ*[1] *SOBRE TODOS LOS QUE OÍAN EL DISCURSO.*

[45] Y LOS FIELES DE LA CIRCUNCISIÓN QUE HABÍAN VENIDO CON PEDRO SE QUEDARON ATÓNITOS DE QUE TAMBIÉN *SOBRE LOS GENTILES SE DERRAMARA*[2] *EL DON DEL ESPÍRITU SANTO.* **RVR 1995**

El cuerpo físico es sumergido bajo el agua *física* en el bautismo en agua, pero en el *bautismo con el Espíritu Santo*, agua spiritual es derramada sobre la mente carnal, la cual es un cuerpo *espiritual*.

En la *primera etapa* del *bautismo Con el Espíritu Santo*, *recibimos* el Espíritu Santo.

[47] ENTONCES RESPONDIÓ PEDRO: — ¿PUEDE ACASO ALGUNO IMPEDIR EL AGUA, PARA QUE NO SEAN BAUTIZADOS ESTOS *QUE HAN RECIBIDO*[3] *EL ESPÍRITU SANTO* LO MISMO QUE NOSOTROS? **RVR 1995**

Esto significa que gente como nosotros, quienes hablamos en lenguas y profetizamos ocasionalmente, *tenemos el conocimiento del Espíritu Santo*, pero los apóstoles fueron *bautizados* y *llenos con* el Espíritu Santo.

---

[1] La palabra griega traducida *cayó*, Strong #1968, significa, *ser poseído violentamente.*

[2] La palabra griega traducida *derramara*, Strong #1632, significa, *derramar o emanar sobre* [algo].

[3] La palabra, *recibido*, Strong #2983, significa, *obtener un conocimiento de.*

Llenos con el Espíritu Santo

La palabra *llenos* significa *lleno completamente, para satisfacer* o *para completar*.

El Espíritu Santo *completó* a los apóstoles. Esto significa que la semilla masculina del Señor Jesús fue añadida a la semilla femenina de Cristo que los apóstoles habían heredado de Abraham. No quiere decir que la semilla que ellos recibieron se *injertó* a su espíritu humano.

El término *ungido* con el Espíritu Santo significa la madurez espiritual *IMPLANTADA* que Jesús de Nazaret experimentó. Los cristianos de hoy día han *recibido* una medida del Espíritu Santo. No son llenos con él.

COMENTARIO: Pensé que ser **llenos** significa **ser dirigidos.**

PASTORA VITALE: Sí, esa definición es enseñada en la Iglesia de hoy. La Iglesia también enseña que necesitamos ser *rellenados* con el Espíritu Santo cuando nuestro caminar espiritual mengua. Pero no puedo encontrar ninguna de esas enseñanzas en la Biblia.

Los apóstoles fueron *llenos* con el Espíritu Santo, y la semilla de Jesús se injertó en sus espíritus humanos y completó a *Cristo* quien estaba ya formado en ellos, *por fe.*
La fuerza y el poder spiritual que los apóstoles recibieron cuando el Espíritu Santo vino sobre ellos…

Hechos 1:8

[8] *PERO RECIBIRÉIS PODER CUANDO HAYA VENIDO SOBRE VOSOTROS EL ESPÍRITU SANTO*, Y ME SERÉIS TESTIGOS EN JERUSALÉN, EN TODA JUDEA, EN SAMARIA Y HASTA LO ÚLTIMO DE LA TIERRA. **RVR 1995**

. . . estaba en el Cristo resucitado completamente. El hijo varón es el único testigo legítimo...

1 Tim 2:15

¹⁵ PERO LAS MUJERES *SE SALVARÁN SIENDO MADRES*, SI TIENEN BUEN JUICIO Y SE MANTIENEN EN LA FE, EL AMOR Y LA DEDICACIÓN A DIOS. **PDT** (VERSIÓN PALABRA DE DIOS PARA TODOS)

Apocalipsis 12:4

⁴ CON SU COLA ARRASTRÓ LA TERCERA PARTE DE LAS ESTRELLAS DEL CIELO Y LAS ARROJÓ A LA TIERRA. *EL DRAGÓN SE DETUVO DELANTE DE LA MUJER QUE IBA A DAR A LUZ, PARA DEVORARSE A SU HIJO TAN PRONTO NACIERA.* **RVR 1995**

. . . a la resurrección de Jesús.

Hechos 4:30

³⁰ AL MISMO TIEMPO, EXTIENDE TU MANO PARA SANAR A LOS ENFERMOS Y REALIZAR SEÑALES MILAGROSAS *POR EL PODER DE TU SANTO SIERVO [HIJO] JESÚS».* **RVR 1995**

Cristo no puede ser completado en los cristianos *recibiendo* el Espíritu Santo porque Él no está todavía formado en ellos. El Espíritu Santo imparte *el poder para hacerse fuerte*, esto es, tener a Cristo formado en ellos.

¿Quién eres tú, Sheila, para decir que los cristianos de hoy no tienen a Cristo formado en ellos? La prueba del pudín está en el poder. No hay manifestación de poder, que yo sepa, en la Iglesia de hoy que se iguale al poder demostrado por los apóstoles.

Hechos 2:4

> [4] TODOS [LOS APÓSTOLES] *QUEDARON LLENOS[4] DEL ESPÍRITU SANTO Y EMPEZARON A HABLAR EN DIFERENTES IDIOMAS* POR EL PODER QUE LES DABA EL ESPÍRITU. **RVR 1995**

Los apóstoles ya no estaban *experimentando* al Espíritu Santo, pero estaban siendo *influenciados* por él para hacer algo.

Los dones del Espíritu nos *familiarizan* con el Espíritu Santo, y *experimentamos* el Espíritu Santo mientras ejercitamos los dones. Sin embargo, el Espíritu Santo nos *influye* sólo en la medida en que lo obedecemos.

1 Co. 12:4-7

> [4] AHORA BIEN, HAY *DIVERSIDAD DE DONES*, PERO EL ESPÍRITU ES EL MISMO.
>
> [5] Y HAY *DIVERSIDAD DE MINISTERIOS [ADMINISTRACIONES]*, PERO EL SEÑOR ES EL MISMO.
>
> [6] Y HAY *DIVERSIDAD DE ACTIVIDADES [OPERACIONES]*, PERO DIOS, QUE HACE TODAS LAS COSAS EN TODOS, ES EL MISMO.
>
> [7] *PERO A CADA UNO LE ES DADA LA MANIFESTACIÓN DEL ESPÍRITU PARA EL BIEN DE TODOS.* **RVR 1995**

Nuevamente, aquellos que *recibieron* al Espíritu Santo y lo *experimentaron* hablaron en lenguas y profetizaron, *pero los apóstoles fueron influenciados para hacer algo*.

La palabra *llenos*, también significa *saciar*, *llenar*, y sugiere *tomar posesión completa de la mente*. El Espíritu Santo tomó posesión completa de la mente de los apóstoles, pero esto no es

---

[4] La palabra, *llenos*, Strong's #4130, significa *ser influenciado por*.

65

lo que le sucedió a Cornelio y su grupo italiano. Ellos solamente lo *experimentaron*.

El hablar en lenguas, profetizar, y la palabra de ciencia son *experiencias* en el Espíritu Santo. El orgullo se ha llevado a muchos que tienen estos dones, pero la verdad es que las *experiencias* del Espíritu Santo son dones gratuitos que no requieren de destrezas o logros de ninguna clase. Los dones no son una recompensa.

El bautismo con el Espíritu Santo significa que el Espíritu Santo toma posesión completa de tu mente. La señal de que el Espíritu Santo tomó posesión completa de la mente de los apóstoles es que ellos hablaron en *otras* lenguas.

Poseído por el Espíritu Santo

Podemos decirle a Jesús que nos gustaría *conocer* su Espíritu Santo, pero Jesús es el que decide si su Espíritu nos aprehenderá o no, para que podamos recibirlo.

COMENTARIO: ¿Qué significa eso, **cayó violentamente**?

PASTORA VITALE:

Hechos 10:44

[44] MIENTRAS AÚN HABLABA PEDRO ESTAS PALABRAS, *EL ESPÍRITU SANTO CAYÓ*[5] *SOBRE TODOS LOS QUE OÍAN EL DISCURSO.* **RVR 1995**

---

[5] La palabra griega traducida *cayó*, Strong #1968, significa ser *poseído violentamente*.

Pedro habló la Palabra, el Espíritu Santo los alcanzó y cayó sobre ellos violentamente y los poseyó, y así fue como ellos vinieron a *familiarizarse* con el Espíritu Santo. ¡Esto está de seguro muy lejos para que el hombre caído decida si recibe o no el Espíritu Santo!

La escritura dice, Pedro *mandó*, pero no sabemos si Pedro habló en palabras, o pensó un mandato espiritual. El hablar verbalizado es para gente espiritualmente inmadura, y eso me incluye a mí.

Uso el lenguaje porque la Mente de Cristo en mí es muy inmadura para comunicar mis pensamientos directamente a sus mentes. El Señor nos habla con una voz audible ocasionalmente, pero prefiere señalarnos hacia una escritura en particular, o mostrarnos símbolos *en el espíritu*, con una comunicación de mente-a-mente. Este mundo es una dimensión espiritual bien baja.

Hechos 10:48

⁴⁸ Y *MANDÓ*⁶ *BAUTIZARLOS EN EL NOMBRE DEL SEÑOR JESÚS.* ENTONCES LE ROGARON QUE SE QUEDARA POR ALGUNOS DÍAS... **RVR 1995**

El fundamento de nuestra salvación, el cual es el Señor Jesucristo, está establecido en los corazones de los hombres. Cristo Jesús, la autoridad espiritual dentro de Pedro, impartió una semilla espiritual la cual se injertó al espíritu humano de estos hombres. Esa semilla entonces vino a ser el fundamento sobre el cual su salvación, Cristo dentro de ellos, seria edificado.

El Espíritu Santo cayó sobre Cornelio y su grupo, y Pedro, un apóstol en el cual Cristo estaba completo, ordenó que la semilla viril de Jesús fuera implantada en sus espíritus humanos.

---

⁶ La palabra griega traducida, *mandó*, Strong #4367, viene de otras dos palabras griegas, las cuales significan *aproximarse a*, o *poner en orden*, *asignar*.

En esta hora, la Iglesia está experimentando *reconciliación*. Esto es, fe en el Señor Jesús, como salvador, por la predicación del Evangelio de la Cruz, el bautismo en agua, y el recibimiento de (viniendo a familiarizarse con) el Espíritu Santo.

El Espíritu Santo es la manifestación menor del *bautismo en el nombre del Señor Jesús*, lo cual es la fe para tener a Cristo formado en usted. La manifestación mayor del *bautismo en el nombre del Señor Jesús*, es la palabra injertada o implantada.
Hasta donde yo conozco, el *bautismo con el Espíritu Santo* en su plenitud es muy raro hoy día, si es que alguien lo está experimentando en alguna manera. Y nadie está *ungido por el Espíritu Santo*, lo cual es la realización espiritual implantada (ser hecho completo).

La semilla del Hijo Varón

La humanidad será salva cuando el hijo varón sea nacido en cada miembro individual de la raza humana. La *fecundación espiritual* es la concepción del Cristo embriónico por la semilla viril de Jesús implantada en el espíritu humano del individuo. Jesús comparó la *fecundación espiritual* con el *encendido de una vela*.

Mateo 5:15

¹⁵ Ni se enciende una luz y se pone debajo de una vasija, sino sobre el candelero *para que alumbre a todos los que están en casa*. **RVR 1995**

Nuestro Padre está reproduciendo Su naturaleza en la humanidad. Cuando digo, *fecundado*, quiero decir que la semilla espiritual de Jesús, la cual es cargada por el Espíritu Santo, penetró el espíritu humano y se unió a si mismo con Cristo, la semilla de Abraham. Esta unión doble forma el fundamento de la nueva naturaleza en nuestra mente.

Quizás lo que ocurrió entre Pedro y estos hombres fue similar a lo que experimenté anoche. Sentí como que mi mente era una ametralladora disparándole a alguien, diciendo, *Se fecundado, se fecundado*. El Señor inició la experiencia, así que imagino que fue fertilizado, pero nunca sabes cuánto tiempo se va a tomar para que la semilla germine.

LENGUAS

Yo [Pablo] hablo en LENGUAS HUMANAS y hablo en LENGUAS ANGELICAS.

1 Co. 13:1

[1] Si yo hablara *LENGUAS HUMANAS Y ANGÉLICAS...* **RVR 1995**

Lenguas humanas (Otras Lenguas)

Otras Lenguas son lenguas humanas conocidas. El hablar en *lenguas humanas* (otras lenguas) es la habilidad sobrenatural de hablar en lenguas humanas reconocidas de las cuales no tienes conocimiento personal.

Los apóstoles fueron *bautizados*, o *llenos* completamente, con el Espíritu Santo, lo cual significa que *su mente carnal vino bajo el control completo de Jesús*, y hablaron en idiomas que eran completamente desconocidos para ellos.

Las lenguas humanas (otras lenguas) son el testigo Escritural del *bautismo con el Espíritu Santo*, lo cual madura completamente la Mente de Cristo, que la mente carnal es reprimida.

Reportes de cristianos hablando en *idiomas extranjeros* por una conversación, o cualquiera que haya sido el tiempo que tomó para que el Señor llevara a cabo su propósito, circula por la Iglesia periódicamente. Escuché un testimonio en donde a un evangelista le fue dado poder para hablar en español en un servicio y que retuvo esa habilidad.

Lenguas de Ángeles (Nuevas Lenguas)

Nuevas lenguas son las lenguas personales para oración por las cuales el nuevo creyente concibe la Mente de Cristo y se comunica con Jesús.

Marcos 16:17

> [17] ESTAS SEÑALES SEGUIRÁN A LOS QUE CREEN: EN
> MI NOMBRE ECHARÁN FUERA DEMONIOS, *HABLARÁN*
> *NUEVAS LENGUAS*;[7] **RVR 1995**

Cornelio y su grupo italiano *recibieron* el Espíritu Santo y hablaron en *lenguas de ángeles*, o *nuevas lenguas*.

Las *lenguas angelicales* o *nuevas lenguas*, deben ser superiores a las lenguas humanas, porque todo lo que Dios hace es superior a las obras de la mente carnal.

Las *nuevas lenguas* son el testigo Escritural de que hemos *recibido* el Espíritu Santo.

Nos hemos *familiarizado* con el Espíritu Santo en su manifestación menor por medio de *experimentar* sobrenaturalmente los dones del Espíritu. Pero no podemos detenernos ahí, porque experimentar el Espíritu Santo es cosa de bebes espirituales. Hay mucho más. Es por eso que, mientras maduramos en Cristo, los dones comienzan a desaparecer. Es tiempo de crecer.

---

[7] La palabra *Nuevas*, Strong #2537, significa *lenguas recientemente hechas*, sugiriendo que lo que es hecho nuevo o recientemente es superior a aquello que es reemplazado.

1 Co. 13:8-12

[8] EL AMOR NUNCA DEJA DE SER; PERO LAS *PROFECÍAS SE ACABARÁN, CESARÁN LAS LENGUAS Y EL CONOCIMIENTO SE ACABARÁ.*

[9] EN PARTE CONOCEMOS Y EN PARTE PROFETIZAMOS;

[10] *PERO CUANDO VENGA LO PERFECTO, ENTONCES LO QUE ES EN PARTE SE ACABARÁ.*

[11] CUANDO YO ERA NIÑO, HABLABA COMO NIÑO, PENSABA COMO NIÑO, JUZGABA COMO NIÑO; *PERO CUANDO YA FUI HOMBRE, DEJÉ LO QUE ERA DE NIÑO.*

[12] AHORA VEMOS POR ESPEJO, OSCURAMENTE; PERO ENTONCES VEREMOS CARA A CARA. *AHORA CONOZCO EN PARTE, PERO ENTONCES CONOCERÉ COMO FUI CONOCIDO.* RVR 1995

Declaraciones proféticas en lenguas

Hay *nuevas lenguas* personales y públicas.

Las n*uevas lenguas* son lenguajes espirituales los cuales tienen que ser interpretados, porque no hay traducción.

Traducción es la conversión palabra-por-palabra de un idioma a otro. *Interpretación* es la esencia del mensaje, como lo percibe el intérprete.

Sería altamente discrepado para una persona china, por ejemplo, el entender una declaración pública en lenguas. Esto puede suceder, pero si así fuera, la declaración seria *otras lenguas* y no *nuevas lenguas*.

Algunas Escrituras dicen *nuevas lenguas*, otras dicen *otras lenguas*, pero la mayoría simplemente dice *lenguas*, así que tenemos que preguntar al Espíritu Santo cuales lenguas se estaban manifestando en cada caso específico.

73

Hechos 10:38

³⁸ CÓMO *DIOS UNGIÓ CON EL ESPÍRITU SANTO Y CON PODER A JESÚS DE NAZARET*, Y CÓMO ÉSTE ANDUVO HACIENDO BIENES Y SANANDO A TODOS LOS OPRIMIDOS POR EL DIABLO, PORQUE DIOS ESTABA CON ÉL. **RVR 1995**

Hay una tercera etapa del bautismo que nos llena con el Espíritu Santo *permanentemente*. El ser *ungido* con el Espíritu Santo, significa *ser untado*, o *cubierto permanentemente*, al punto que se queda *adherido a usted*. Esta unción no crece y luego disminuye, crece y se queda adherida a usted.

Diferentes géneros de lenguas

Aquí están algunas Escrituras para clarificar los diferentes tipos de lenguas.

Pablo dijo que el habló ambas, las *lenguas humanas* y las *lenguas angelicales*.

1 Co. 13:1

¹³ SI YO *HABLARA LENGUAS HUMANAS Y ANGÉLICAS*, Y NO TENGO AMOR, VENGO A SER COMO METAL QUE RESUENA O CÍMBALO QUE RETIÑE. **RVR 1995**

Las *lenguas humanas* son identificadas como *otras lenguas* o *lenguas humanas* en,

Hechos 2:4

⁴ TODOS FUERON LLENOS DEL ESPÍRITU SANTO Y *COMENZARON A HABLAR EN OTRAS LENGUAS*, SEGÚN EL ESPÍRITU LES DABA QUE HABLARAN. **RVR 1995**

Vemos la frase, *diversidades de lenguas* o *géneros de lenguas,* refiriéndose a varios *lenguajes humanos* en,

74

1 Co. 12:10

¹⁰ A OTRO, EL HACER MILAGROS; A OTRO, PROFECÍA; A OTRO, DISCERNIMIENTO DE ESPÍRITUS; A OTRO, *DIVERSOS GÉNEROS DE LENGUAS*, Y A OTRO, INTERPRETACIÓN DE LENGUAS: **RVR 1995**

1 Co. 12:28

²⁸ Y A UNOS PUSO DIOS EN LA IGLESIA, PRIMERAMENTE, APÓSTOLES, LUEGO PROFETAS, LO TERCERO MAESTROS, LUEGO LOS QUE HACEN MILAGROS, DESPUÉS LOS QUE SANAN, LOS QUE AYUDAN, LOS QUE ADMINISTRAN, *LOS QUE TIENEN DON DE LENGUAS.* **KJV**

Las *lenguas angelicales* son descritas como *nuevas lenguas* en,

Marcos 16:17

¹⁷ ESTAS SEÑALES SEGUIRÁN A LOS QUE CREEN: EN MI NOMBRE ECHARÁN FUERA DEMONIOS, *HABLARÁN NUEVAS LENGUAS*; **RVR 1995**

Las lenguas son siempre *habladas*,

Hechos 10:46

⁴⁶ *PORQUE LOS OÍAN QUE HABLABAN EN LENGUAS* Y QUE GLORIFICABAN A DIOS, **RVR 1995**

Hechos 19:6

⁶ Y HABIÉNDOLES IMPUESTO PABLO LAS MANOS, VINO SOBRE ELLOS EL ESPÍRITU SANTO; Y *HABLABAN EN LENGUAS Y PROFETIZABAN.* **RVR 1995**

Pero algunas veces son *ESCUCHADAS*,

Hechos 10:46

La palabra *hablar*, en el griego, se refiere a un *discurso*. El libro de referencia dice que esta palabra significa *diseñada para despertar las emociones*, como algo opuesto a una conversación casual.

Una manifestación en lenguas traídas en la Iglesia es un discurso público que por lo general tiene el entusiasmo y la emoción asociada a ella. Es rara vez, o nunca, entregado en un tono conversacional.

Las *lenguas angelicales* se refieren a la manifestación con lenguas que debemos esperar que sean interpretadas.

Le mostraré más tarde que el lenguaje personal que usamos en la oración no es un don. Estamos hablando de dones ahora.

Recientemente tuve un encuentro con un hombre que sigue diciéndome que las lenguas son lo último en la lista de los dones, ¿quién las quisiera tener? Le dije, *yo lo quiero todo*. Quiero los dones mayores, y quiero los dones inferiores, pero tu lenguaje de oración personal no es un don. Su lenguaje de oración personal es lo que usted recibe cuando el Espíritu Santo está dentro de usted. Es para su comunicación personal con el Señor.

Los hombres del grupo de Cornelio hablaron en lenguas, las cuales eran audibles y en público.

1 Co. 12:10

76

Te digo que son las lenguas angelicales, no las lenguas humanas, las que son interpretadas. Estos son los dos dones que hemos estado hablando.

Algunas lenguas son por señal

Las lenguas son por señal.

1 Co. 14:22

> [22] ASÍ QUE *LAS LENGUAS SON POR SEÑAL*, NO A LOS CREYENTES, SINO A LOS INCRÉDULOS; PERO LA PROFECÍA, NO A LOS INCRÉDULOS, SINO A LOS CREYENTES. **RVR 1995**

Un extraño que sabe que no puedes hablar su lenguaje sentirá convicción de que el poder sobrenatural del Señor está sobre ti cuando le ministras en su propio lenguaje.

1 Co. 14:23

> [23] SI, PUES, TODA LA IGLESIA SE REÚNE EN UN LUGAR, *Y TODOS HABLAN EN LENGUAS*, Y ENTRAN INDOCTOS O INCRÉDULOS, ¿NO DIRÁN QUE ESTÁIS LOCOS? **RVR 1995**

Si un incrédulo viene a la iglesia donde todos están hablando en *lenguas angelicales*, pensará que están locos, así que las lenguas necesitan ser interpretadas.

Suena como que Pablo en el verso 23 está contradiciendo lo que dice en el verso 22, pero él está hablando de dos tipos diferentes de lenguas. Pablo está hablando sobre un tipo de lenguas en el verso 22 y otro tipo de lenguas en el verso 23.

1 Co. 14:22

²² ASÍ QUE LAS *LENGUAS SON POR SEÑAL*, NO A LOS CREYENTES, SINO A LOS INCRÉDULOS; *PERO LA PROFECÍA, NO A LOS INCRÉDULOS, SINO A LOS CREYENTES.* **RVR 1995**

La profecía en el mundo de la iglesia es una manifestación profética. La *profecía* es la Palabra del Señor saliendo a través de un ser humano. Usualmente no hay una advertencia, como de un cambio del tono de la voz, volumen, o inflexión. La verdadera profecía debe ser discernida espiritualmente porque es dicha en un tono conversacional. Si no puedes discernirla, ni siquiera sabrás que Dios te está hablando a través de esa persona.

Esa es la diferencia entre un *profeta* y alguien que tiene el *don de profecía*. No todo aquel que tiene el don de profecía es un profeta.

Un profeta es una persona a través de la cual Cristo habla, bajo Su propia voluntad. Si usted no es un creyente, no podrá reconocer cuando Cristo le habla a través de mí. Si no puede notar que yo paré de hablar y Cristo comenzó a hablar, ¿que bien puede hacerle la profecía a usted?

Por lo tanto, la profecía es para el creyente que debe estar dispuesto a discernirla.

Sin embargo, Pablo dice en el versículo 24, si se encuentra en una función de grupo, donde toda la Iglesia está profetizando, y un incrédulo entra, es convencido por todos.

1 Co. 14:24

²⁴ PERO *SI TODOS PROFETIZAN, Y ENTRA ALGÚN INCRÉDULO O INDOCTO, POR TODOS ES CONVENCIDO*, POR TODOS ES JUZGADO: **RVR 1995**

La palabra *convencido* significa que *ha sido entendido* por todos. Esto significa que todos los que están profetizando pueden mirar en el corazón del extranjero, y ver su necesidad. Es juzgado por todos de que es un incrédulo. Todos lo que están profetizando tienen discernimiento de cuáles son sus necesidades, y que hay en su corazón…

1 Co. 14:25

²⁵ LO *OCULTO DE SU CORAZÓN SE HACE MANIFIESTO*; Y ASÍ, POSTRÁNDOSE SOBRE EL ROSTRO, ADORARÁ A DIOS, DECLARANDO QUE VERDADERAMENTE DIOS ESTÁ ENTRE VOSOTROS. **RVR 1995**

…Así que cuando el don de profecía declara abiertamente en la iglesia que el extranjero es un adicto a drogas, o que su corazón está roto, por ejemplo, el extranjero será convencido que Dios es real, se postra y se arrepiente.

Es importante saber sobre qué tipo de lenguas es que está hablando la Escritura, pero en algunas ocasiones no es fácil descubrirlo.

Un lenguaje para la oración personal

Aquí hay algunas Escrituras para establecer que nuestras lenguas para la oración personal (no las lenguas que hablamos y son interpretadas en la iglesia, sino las lenguas que salen de nuestra boca cuando hablamos con el Señor, o cuando oramos), no son un don.

Las lenguas para orar que no son ningún idioma conocido, ni lenguas humanas, no son un don en el sentido en que lo son los dones repartidos en la iglesia.

Pablo dijo, no todos profetizan, no todos sanan, no todos interpretan, no todos hablan en lenguas, pero las lenguas para orar están disponibles para todo aquel que las pida.

1 Co. 12:30

[30] *¿TIENEN TODOS DONES DE SANIDAD? ¿HABLAN TODOS LENGUAS? ¿INTERPRETAN TODOS?* RVR 1995

Por lo tanto, decir, *no tengo un lenguaje para mi oración personal porque los dones son repartidos en la iglesia, y yo simplemente no tengo ese don*, es un error. El lenguaje de oración personal no es un don para la iglesia manifestado a través de un hombre, sino que son una bendición para ese mismo hombre a través del cual las lenguas se están manifestando. Tengo tres escrituras para apoyar esta afirmación.

COMENTARIO: En otras palabras, la mentira del Diablo es hacerle creer a la gente que no son dignos.

PASTORA VITALE: Correcto, que ellos no son dignos, o que ellos no deben buscar un lenguaje de oración personal porque no está disponible para todos, o porque algunas personas predican en contra de esto.

El Espíritu nos ayuda a orar

Ro. 8:26

[26] DE IGUAL MANERA, EL ESPÍRITU NOS AYUDA EN NUESTRA DEBILIDAD, PUES QUÉ HEMOS DE PEDIR COMO CONVIENE, NO LO SABEMOS, *PERO EL ESPÍRITU MISMO*

La palabra *achaques* está hablando de enfermedades espirituales, no de dolencias físicas, significando, que cada uno que no esté en pie en plena estatura está espiritualmente enfermo. Lo siento si no me cree, pero si no puede medirse con la estatura de Jesucristo, quien es nuestro estándar, …

Efesios 4:13

[13] HASTA QUE TODOS LLEGUEMOS A LA UNIDAD DE LA FE Y DEL CONOCIMIENTO DEL HIJO DE DIOS, AL HOMBRE PERFECTO, *A LA MEDIDA DE LA ESTATURA DE LA PLENITUD DE CRISTO*: RVR 1995

…usted está espiritualmente enfermo, pervertido, corrupto y, hablando en general, en muy mal estado.

Así que *de igual modo el espíritu nos ayuda en nuestras debilidades,* lo cual es manifestado como inhabilidad para comunicarse con Dios. Estamos débiles e incapacitados espiritualmente en nuestra habilidad de comunicarnos con Dios, así que no sabemos qué debemos de orar. Pero el Espíritu que está en nosotros *hace intercesión por nosotros con gemidos indecibles*.

Aquí hay otro testigo.

---

[8]   La palabra griega traducida, *con gemidos*, Strong #215, significa *sonidos que no expresan ningún lenguaje conocido, un lenguaje de oración que consiste en sonidos ininteligibles.*

[9]   La palabra griega traducida, *indecibles*, Strong #215, significa *sonidos que no expresan ningún lenguaje conocido, un lenguaje de oración que consiste en sonidos ininteligibles.*

Efesios 6:18

[18] *ORAD EN TODO TIEMPO CON TODA ORACIÓN Y SÚPLICA EN EL ESPÍRITU*, Y VELAD EN ELLO CON TODA PERSEVERANCIA Y SÚPLICA POR TODOS LOS SANTOS; **RVR 1995**

El orar en el Espíritu es parte de nuestra armadura, lo cual no es un don.

El último testigo es,

Judas 20-21

[20] PERO VOSOTROS, AMADOS, EDIFICÁNDOOS SOBRE VUESTRA SANTÍSIMA FE, *ORANDO EN EL ESPÍRITU SANTO*,

[21] CONSERVAOS EN EL AMOR DE DIOS, ESPERANDO LA MISERICORDIA DE NUESTRO SEÑOR JESUCRISTO PARA VIDA ETERNA. **RVR 1995**

Oramos en el Espíritu para fortalecer a Cristo en nosotros.

El Espíritu del Anti-Cristo

Hemos escuchado a alguien predicar fuertemente en contra de las lenguas, hace unos días. Por qué alguien vendría en contra de las lenguas tan fuertemente cuando las Escrituras dicen,

1 Co. 14:39

[39] ASÍ QUE, HERMANOS, PROCURAD PROFETIZAR Y *NO IMPIDÁIS EL HABLAR EN LENGUAS*. **RVR 1995**

Cualquier manifestación del Espíritu de Dios que fluye a través de un ser humano glorifica a Jesucristo. Lo que dice es que Jesucristo está en ese vaso a esa medida de poder, cualquiera que sea, y que Él va a continuar en la mayor medida posible.

Una doctrina falsa, o un profeta falso, que se opone a que una expresión verdadera del Espíritu Santo se manifieste en cualquier medida, es un espíritu del anti-Cristo. Esto no necesariamente significa que todo lo que el hombre tiene que decir es anti-Cristo, pero podría ser el caso.

Dios está esperando que la raza humana ofrezca su naturaleza caída al Padre, quien será todo en todos. El Anti-Cristo se opone a los propósitos de Dios. El mundo entero está bajo el maligno.

La mujer de Apocalipsis, Capítulo 12

La mujer en Apocalipsis 12 tipifica las personalidades de la iglesia.

Ap. 12:1-2

[1] APARECIÓ EN EL CIELO UNA GRAN SEÑAL: *UNA MUJER VESTIDA DEL SOL, CON LA LUNA DEBAJO DE SUS PIES Y SOBRE SU CABEZA UNA CORONA DE DOCE ESTRELLAS.*

[2] ESTABA ENCINTA Y GRITABA CON DOLORES DE PARTO, EN LA ANGUSTIA DEL ALUMBRAMIENTO. **RVR 1995**

Luego que ella da a luz al hijo varón, el cual es Cristo resucitado en nosotros, ella corre al desierto.

Ap. 12:5-6

[5] *ELLA DIO A LUZ UN HIJO VARÓN*, QUE VA A REGIR A TODAS LAS NACIONES CON VARA DE HIERRO; Y SU HIJO FUE ARREBATADO PARA DIOS Y PARA SU TRONO.

[6] *LA MUJER HUYÓ AL DESIERTO*, DONDE TENÍA UN LUGAR PREPARADO POR DIOS PARA SER SUSTENTADA ALLÍ POR MIL DOSCIENTOS SESENTA DÍAS. **RVR 1995**

La humanidad está a punto de ser dividida en dos categorías, y de hecho ya se ha dividido en dos grupos por medio de Jesucristo: En los que Cristo está apareciendo, y en los que Él no está apareciendo.

La mujer que da a luz al hijo varón significa la humanidad, de la que todos somos parte, a punto de producir el hijo varón. Pero el nacerá sólo en algunos de sus miembros primero. Después de eso, cuando los Primeros Frutos de la Compañía se levanten en plena estatura (cuando el hijo varón nace en las primicias de la compañía), Satanás ira tras el resto de las personalidades (aquellas que están embarazadas con Cristo, y aquellas que no) con una venganza.

El resto de la Iglesia, que no está en plena estatura, será tan vulnerable como una mujer embarazada, debido a que el hijo varón, que todavía está en el útero, es limitado en su capacidad para protegerlos. Satanás sabe que será muy pero muy difícil revocar las personalidades en las que Cristo ya se está colocando o se ha levantado, por lo que "ella" va detrás de las personalidades embarazadas con una venganza.

La Escritura dice: "*Ella huye al desierto*". Hicimos un exhaustivo estudio de la palabra en el griego y se encontró que los Hijos de Dios trabajaron en su rebeldía y orgullo con educación y juicio correctivo. Después de eso, se lleva a término su embarazo. ¡Aleluya!

Los dones –vs- la realidad de Cristo

A medida que Cristo es formado en usted y comienza a ser poseído por Su mente, la sabiduría de Dios y la doctrina de Cristo, su madurez espiritual disminuye los dones y usted habla en lenguas y profetiza cada vez menos.

Un don de Dios puede ser un obstáculo grave si no ha madurado lo suficiente como para superar su orgullo. El orgullo siempre quiere exaltarse a sí mismo debido a esos dones que usted no hizo nada para merecerlos, y la renuencia a dejar los dones trabaja en contra de su propia maduración espiritual.

En Hechos 9:17, Pablo recibe el Espíritu Santo, su visión espiritual, y es lleno con el Espíritu Santo.

Hechos 9:17

 FUE ENTONCES ANANÍAS Y ENTRÓ EN LA CASA, Y PONIENDO SOBRE ÉL LAS MANOS, DIJO: —HERMANO SAULO, EL SEÑOR JESÚS, QUE SE TE APARECIÓ EN EL CAMINO POR DONDE VENÍAS, ME HA ENVIADO PARA *QUE RECIBAS LA VISTA Y SEAS LLENO DEL ESPÍRITU SANTO.* **RVR 1995**

Anteriormente, cité Hechos 1:5, donde Jesús les dice a los apóstoles: ***"En pocos días, ustedes serán bautizados con el Espíritu Santo"*** y, después de eso, ellos fueron ***llenos con el*** Espíritu Santo. Entonces, ahora sabemos que bautismo con el Espíritu Santo es lo mismo que ser ***lleno*** con el Espíritu Santo.

La palabra ***Bautismo*** significa la ***acción*** del Espíritu Santo, y las palabras ***lleno con*** significa el ***efecto*** que el Espíritu Santo tenía sobre los apóstoles

Bautizado con el Espíritu Santo es lo mismo que ***ser lleno con del Espíritu Santo***, pero ambos, ***bautizado*** y ***lleno,*** son diferentes a ***recibir*** el Espíritu Santo.

RESURRECCION

Perfección (estatura plena)

En Hechos 9:17 vemos a Jesús apareciéndose a Pablo como una bola de luz, e instruyendo a Pablo, que fue cegado por el encuentro, a sentarse en la oscuridad hasta que un discípulo llamado Ananías vino y puso las manos sobre él.

Hechos 9:17-18

[17] FUE ENTONCES ANANÍAS Y ENTRÓ EN LA CASA, Y PONIENDO SOBRE ÉL LAS MANOS, DIJO: —HERMANO SAULO, EL SEÑOR JESÚS, QUE SE TE APARECIÓ EN EL CAMINO POR DONDE VENÍAS, ME HA ENVIADO PARA QUE *RECIBAS LA VISTA Y SEAS LLENO DEL ESPÍRITU SANTO.*

[18] AL INSTANTE CAYERON DE SUS OJOS COMO ESCAMAS Y RECOBRÓ LA VISTA. SE LEVANTÓ Y FUE BAUTIZADO. **RVR 1995**

Le ocurrieron tres cosas a Pablo, lo cual le sugiero a usted que eran espirituales, así como físicas. No me cabe duda de que la vista física de Pablo fue restaurada, que se levantó (lo que significa que su vida, ahora teniendo visión, fue restaurada), y que él fue lleno del Espíritu Santo. Pero también creo que Pablo fue bautizado en el Nombre del Señor Jesús, y que Adán se levantó de los muertos en él y le dio la visión espiritual, o la *comprensión espiritual*. Esto significa que Pablo subió a la perfección, o plena estatura.

Efesios 4:13

[13] HASTA QUE TODOS LLEGUEMOS A LA UNIDAD DE LA FE Y DEL CONOCIMIENTO DEL HIJO DE DIOS, AL HOMBRE

La Resurrección de Cristo

Lucas 24:46

⁴⁶ Y LES DIJO: —ASÍ ESTÁ ESCRITO, Y ASÍ FUE NECESARIO QUE EL CRISTO PADECIERA Y *RESUCITARA DE LOS MUERTOS AL TERCER DÍA*: **RVR 1995**

El artículo, *el*, el cual se encuentra en el texto griego, pero no traducido, nos dice que Lucas 24:46 está hablando acerca de *Jesús, el Cristo*. . .

1 Co. 15:3-4

³ PRIMERAMENTE OS HE ENSEÑADO LO QUE ASIMISMO RECIBÍ: *QUE CRISTO* MURIÓ POR NUESTROS PECADOS, CONFORME A LAS ESCRITURAS;

⁴ QUE FUE SEPULTADO Y QUE RESUCITÓ AL TERCER DÍA, CONFORME A LAS ESCRITURAS: **RVR 1995**

…pero, el artículo, *el*, no aparece antes de la palabra Cristo, en 1 Co. 14:3-4.

Lucas 24:46 está hablando acerca de *Jesús de Nazaret*, quien era *el Cristo en los días de su carne*, resucitando de la muerte, pero 1 Co. 15: 3-4, está hablando acerca de *Adán, el Cristo de la era anterior*, resucitado en el hombre, Jesús de Nazaret.

Toda la humanidad ha descendido de Adán, cuya muerte dio lugar a esta existencia presente. *Cristo* es el nombre por el cual Adán es ahora llamado cuando es resucitado en un hombre caído (1 Co. 15:22), y así, fue Adán quien habló a través del hombre Jesús diciendo:

Juan 8:58

> ⁵⁸ JESÚS LES DIJO: —DE CIERTO, DE CIERTO OS DIGO: *ANTES QUE ABRAHAM FUERA, YO SOY.* **RVR 1995**

...significando, *Yo he existido antes que Abraham.*

1 Co. 15:22

> ²² ASÍ COMO *EN ADÁN TODOS MUEREN*, TAMBIÉN EN CRISTO TODOS SERÁN VIVIFICADOS. **RVR 1995**

Adam, el alma viviente, murió a su inmortalidad, y como consecuencia, todos sus descendientes nacen como hombres espiritualmente muertos, mortales. Pero cuando Adán, el cual es el Cristo inmortal de la edad de la inocencia, es resucitado en un descendiente mortal de Adán, el hombre que está muerto a causa del pecado, es vivificado.

Adán fue derrocado y murió a su inmortalidad en la era anterior a causa del pecado, y su espíritu, el aliento de Jehová, fue enterrado debajo de la tierra de los cuerpos físicos de la humanidad. Pero Adam se levantó de entre los muertos en el hombre Jesús.

Ap. 1:5

> ⁵ Y DE JESUCRISTO, EL TESTIGO FIEL, *EL PRIMOGÉNITO DE LOS MUERTOS* Y EL SOBERANO DE LOS REYES DE LA TIERRA. AL QUE NOS AMA, NOS HA LAVADO DE NUESTROS PECADOS CON SU SANGRE, **RVR 1995**

El Tercer Día

El texto interlineal dice, *El resucitó al tercer día.*

La palabra *tercero*, habla de la tercera parte del hombre, su principio negativo, Satanás.

Adán, *la* estrella...

Gen 1:16

[16] E HIZO DIOS LAS DOS GRANDES LUMBRERAS: LA LUMBRERA MAYOR PARA QUE SEÑOREARA EN EL DÍA, Y LA LUMBRERA MENOR PARA QUE SEÑOREARA EN LA NOCHE; E *HIZO TAMBIÉN LAS ESTRELLAS.* **RVR 1995**

. . . del *Día* de Elohim,

Gen 1:5

[5] LLAMÓ A LA LUZ *DÍA*, Y A LAS TINIEBLAS LLAMÓ NOCHE. Y FUE LA TARDE Y LA MAÑANA DEL PRIMER DÍA. **RVR 1995**

. . . se levantó de entre los muertos fuera de *la mente carnal* que el hombre, Jesús heredó de su madre.

2 Pedro 1:19

[19] TENEMOS TAMBIÉN LA PALABRA PROFÉTICA MÁS SEGURA, A LA CUAL HACÉIS BIEN EN ESTAR ATENTOS COMO A UNA ANTORCHA QUE ALUMBRA EN LUGAR OSCURO, HASTA QUE EL DÍA AMANEZCA Y *EL LUCERO DE LA MAÑANA SALGA EN VUESTROS CORAZONES*: **RVR 1995**

. . . y,

1 Co. 15:5

[5] Y QUE *APARECIÓ A CEFAS*, Y DESPUÉS A *LOS DOCE*: **RVR 1995**

Pedro está incluido en los doce, así que ¿por qué Jesús se dirige hacia Pedro dos veces, una vez como *Cefas*, y por segunda vez como uno de los doce?

¿Por qué Pablo dice *Cefas* en lugar de *Pedro*, cuando Jesús se dirigió a Pedro como Cefas sólo una vez, en Juan 1:42, y eso fue *antes* de su crucifixión?

Cefas significa *piedra*, lo que puede significar la cubierta dura sobre la semilla de muchas de las frutas.

Juan 1:42

⁴² Y LO TRAJO A JESÚS. MIRÁNDOLO JESÚS, DIJO: —TÚ ERES SIMÓN HIJO DE JONÁS; TÚ SERÁS LLAMADO CEFAS —ES DECIR, PEDRO— [POR INTERPRETACIÓN, UNA PIEDRA]. **RVR 1995**

Además, ¿cómo podrían haber sido 12, ya que sólo había *once* discípulos cuando el hombre, Jesús, fue resucitado? Judas ya estaba muerto.

Si la resurrección que se habla en 1 Corintios 15:5 era la resurrección física del hombre Jesús de Nazaret, si ese fuera el caso, Judas ya se había ahorcado.

Marcos 16:14

¹⁴ FINALMENTE SE APARECIÓ *A LOS ONCE* MISMOS, ESTANDO ELLOS SENTADOS A LA MESA, Y LES REPROCHÓ SU INCREDULIDAD Y DUREZA DE CORAZÓN, PORQUE NO HABÍAN CREÍDO A LOS QUE LO HABÍAN VISTO RESUCITADO. **RVR 1995**

Había sólo *once* discípulos cuando el hombre, Jesús, fue resucitado, pues Judas estaba muerto.

La palabra griega traducida como *fue visto*, Strong # 3700, también puede traducirse como *aparecer.*

Además, el número *doce* no podría estar hablando en referencia a los discípulos, ya que sólo eran *once*. Sin embargo, el número doce puede significar el *centro del corazón*…

Yo le sugiero a usted que Pablo dijo *Cefas*, porque él estaba hablando acerca de la aparición de *Cristo*, las Primicias o los Primeros Frutos. . .

1 Co. 15:20

²⁰ PERO AHORA CRISTO HA RESUCITADO DE LOS MUERTOS; *PRIMICIAS DE LOS QUE MURIERON* ES HECHO. **RVR 1995**

...el *Adán resucitado* (ahora llamado *Cristo* cuando aparece en un hombre), quien se levantó de entre los muertos y apareció en *el centro del corazón* (el número doce) del *hombre* Jesús, *ANTES* que *el HOMBRE, Jesús se levantara de los muertos*.

La Resurrección de Jesús

El punto es que, si Adán no hubiese resucitado en el hombre Jesús, *ANTES* que el hombre Jesús fuese crucificado, el hombre Jesús no habría resucitado de entre los muertos.

En otras palabras, era la presencia de Adán, el alma viviente, el Cristo resucitado de la era anterior *dentro de Jesús*, que lo levantó de los muertos por el poder del Padre. Esto explica la verdad de los dos ángeles en la tumba de Jesús,

Juan 20:12

¹² Y VIO A *DOS ÁNGELES* CON VESTIDURAS BLANCAS, QUE ESTABAN SENTADOS EL UNO A LA CABECERA Y EL OTRO A LOS PIES, DONDE EL CUERPO DE JESÚS HABÍA SIDO PUESTO. **RVR 1995**

Un ángel era el alma de Jesús y el otro era el Cristo resucitado. Había dos ángeles porque el alma de Jesús aún no se había mezclado con el Cristo resucitado en un hombre glorificado. . .

Juan 20:17

[17] JESÚS LE DIJO: — *¡NO ME TOQUES!, PORQUE AÚN NO HE SUBIDO A MI PADRE*; PERO VE A MIS HERMANOS Y DILES: "SUBO A MI PADRE Y A VUESTRO PADRE, A MI DIOS Y A VUESTRO DIOS. **RVR 1995**

Por lo tanto, si Adán (llamado *Cristo* cuando resucitó en un hombre), no resucitó en el hombre, Jesús. . .

1 Co. 15:14

[14] Y *SI CRISTO NO RESUCITÓ*, VANA ES ENTONCES NUESTRA PREDICACIÓN Y VANA ES TAMBIÉN VUESTRA FE. **RVR 1995**

…entonces no tenemos esperanza de que se levante en nosotros…

1 Co. 15:18-20

[18] ENTONCES TAMBIÉN *LOS QUE MURIERON [DURMIERON] EN CRISTO* PERECIERON.

[19] SI SOLAMENTE PARA ESTA VIDA ESPERAMOS EN CRISTO, SOMOS LOS MÁS DIGNOS DE LÁSTIMA DE TODOS LOS HOMBRES.

…si él no se levantó en Jesús, las primicias de los que durmieron.

[20] PERO AHORA CRISTO HA RESUCITADO DE LOS MUERTOS; *PRIMICIAS DE LOS QUE MURIERON [DURMIERON]* ES HECHO. **RVR 1995**

Gen 2:21

²¹ ENTONCES **JEHOVÁ DIOS HIZO CAER UN SUEÑO PROFUNDO SOBRE ADÁN** Y, MIENTRAS ÉSTE DORMÍA, TOMÓ UNA DE SUS COSTILLAS Y CERRÓ LA CARNE EN SU LUGAR; **RVR 1995**

Ahora, si Jesús fue el primero en levantarse de los que dormían, tuvo que estar durmiendo en algún punto. Por lo tanto, dado que la palabra *dormir* significa la muerte de esta existencia, Jesús no pudo haber sido perfecto al nacer.

Ahora, si Jesús no era perfecto al nacer, ¿cómo podría ser el Hijo de Dios? A menos que Adán, el Hijo de Dios, ¿se levantara de entre los muertos en Él?

Lucas 3:38

³⁸ HIJO DE ENÓS, HIJO DE SET, **HIJO DE ADÁN, HIJO DE DIOS.** **RVR 1995**

Adán es el Hijo de Dios, y el Señor Jesucristo es el Salvador. La palabra, *Hijo* señala la relación de Adán con uno por encima de él, es decir Dios. Y *Salvador* significa la relación de Jesús con el que está debajo de Él, es decir, la humanidad - pero el Adán resucitado y el Jesús resucitado, se convirtieron en un hombre nuevo...

Efesios 2:15

¹⁵ ABOLIENDO EN SU CARNE LAS ENEMISTADES (LA LEY DE LOS MANDAMIENTOS EXPRESADOS EN ORDENANZAS), PARA CREAR EN SÍ MISMO **DE LOS DOS UN SOLO Y NUEVO HOMBRE**, HACIENDO LA PAZ; **RVR 1995**

...cuando el hombre Jesús, fue glorificado.

El Señor Jesucristo, que ahora es ambos, el Hijo de Dios (Adán) y Salvador de la humanidad...

Marcos 1:1

¹ Principio del evangelio *de Jesucristo, Hijo de Dios; RVR 1995*

Tito 3:6

⁶ El cual derramó en nosotros abundantemente por *Jesucristo, nuestro Salvador; RVR 1995*

...está salvando a la humanidad de la muerte al resucitar a Cristo de entre los muertos en cada uno de nosotros.

Pablo recibió la vida del Señor Jesucristo, y Cristo comenzó a levantarse de la muerte dentro de él. Cristo dentro del Pablo bautizado, o sea lo llenó con el Espíritu Santo, y Pablo se convirtió en un apóstol del Jesús glorificado con visión espiritual. Pablo fue el primer hombre mortal después de Jesús en experimentar la resurrección de entre los muertos con pleno poder y autoridad.

- *Recibir* el Espíritu Santo no implica que usted ha sido levantado de los muertos.

- **Ser lleno con el Espíritu Santo,** ser totalmente *lleno*, implica que su espíritu humano ha sido completado.

- Su vida ha sido unida a usted. Su justicia ha sido unida a usted.

- **Estamos completos en Cristo Jesús.** Él es nuestra justicia; Él es nuestra vida; Él es nuestra fe.

- *Ser lleno* con el Espíritu Santo no significa necesariamente estatura plena, ya que es posible ser lleno *temporalmente* con el Espíritu Santo. Es decir, el Espíritu Santo puede elevarse dentro del hombre y llevarlo a una condición de plena estatura, pero luego se retira, como el agua se retira o se escurre del cuerpo de un hombre lavado, después que el Espíritu Santo llevó a cabo su propósito.

El Evangelio No Es Simple

No podría decir cuántas personas me han dicho, *"el Evangelio es simple, ¿por qué estás predicando este mensaje tan complicado?"* El Evangelio no es simple. Eso es una mentira. El Evangelio es muy complicado. La gente estudia la Escritura toda su vida y no conoce el mensaje completo. ¡Qué mentira es decir que es simple!

2 Co. 11:3

> [3] PERO TEMO QUE, ASÍ COMO LA SERPIENTE CON SU ASTUCIA ENGAÑÓ A EVA, VUESTROS SENTIDOS SEAN TAMBIÉN DE ALGUNA MANERA EXTRAVIADOS DE *LA SINCERA FIDELIDAD A CRISTO.* [OTRAS VERSIONES DICEN SENCILLEZ EN CRISTO]. **RVR 1995**

La palabra griega traducida *sencillez*, en realidad significa *solo, único o soltero*. Este pasaje está hablando de mantener tus ojos en Cristo, de modo que usted no viva de dos mentes.

Jesús habló en parábolas para que sólo los elegidos escucharan y entendieran. Pero cuando trató de explicar su experiencia en el Monte de la Transfiguración a Pedro, Santiago y Juan, su círculo íntimo. . .

Mateo 17:2

> [2] ALLÍ *SE TRANSFIGURÓ DELANTE DE ELLOS*, Y RESPLANDECIÓ SU ROSTRO COMO EL SOL, Y SUS VESTIDOS SE HICIERON BLANCOS COMO LA LUZ. **RVR 1995**

… aún ellos no entendieron de lo que estaba hablando.

El Evangelio no es simple. Es muy difícil. Y usted debe estudiar para mostrarse a usted mismo aprobado. Es una obra de toda la vida, y aún después de todo, el conocimiento es sólo en parte.

BAUTISMO EN CRISTO (FUEGO)

Ahora, llegamos al *Bautismo en Cristo*, que a veces también se conoce como el *Bautismo de fuego*.

Mateo 3:11

> [11] YO A LA VERDAD OS BAUTIZO EN AGUA PARA ARREPENTIMIENTO, PERO EL QUE VIENE TRAS MÍ, CUYO CALZADO YO NO SOY DIGNO DE LLEVAR, ES MÁS PODEROSO QUE YO. *ÉL OS BAUTIZARÁ EN ESPÍRITU SANTO Y FUEGO*: **RVR 1995**

Sabemos que Cristo es el Lago de Fuego.

He. 12:29

> [29] PORQUE NUESTRO *DIOS ES FUEGO CONSUMIDOR*. **RVR 1995**

Cristo es nuestra justicia.

1 Co. 1:30

> [30] PERO POR ÉL ESTÁIS VOSOTROS *EN CRISTO JESÚS*, EL CUAL NOS HA *SIDO HECHO POR DIOS SABIDURÍA*, *JUSTIFICACIÓN*, SANTIFICACIÓN Y REDENCIÓN: **RVR 1995**

Cristo es fuego, por lo que el bautismo con fuego es el bautismo en Cristo.

La realidad del *bautismo en Cristo* es que todas las partes del Adán caído, nuestro viejo hombre, Satanás (la mente inconsciente), Leviatán (la mente subconsciente), Caín (la mente consciente), están siendo lanzadas al lago de fuego, que es Cristo en usted, su única esperanza para ser glorificado.

Col 1:27

> [27] A ELLOS, DIOS QUISO DAR A CONOCER LAS RIQUEZAS DE LA GLORIA DE ESTE MISTERIO ENTRE LOS GENTILES, QUE ES *CRISTO EN VOSOTROS, ESPERANZA DE GLORIA*: **RVR 1995**

Su naturaleza caída debe quemarse *espiritualmente* para que usted pueda ser glorificado. . .

2 Pedro 3:10

> [10] PERO EL DÍA DEL SEÑOR VENDRÁ COMO LADRÓN EN LA NOCHE. ENTONCES LOS CIELOS PASARÁN CON GRAN ESTRUENDO, *LOS ELEMENTOS ARDIENDO SERÁN DESHECHOS* Y LA TIERRA Y LAS OBRAS QUE EN ELLA HAY SERÁN QUEMADAS. **RVR 1995**

…porque el fuego espiritual que juzga los pecados ocultos de nuestro corazón, nos purifica. Nuestro nuevo hombre, la parte de nosotros que sobrevive, continuará viviendo en una nueva forma la cual se someterá a Cristo.

El bautismo en Cristo, que es el bautismo de fuego, es el final de las varias etapas de bautismo. Hay un solo bautismo, con muchas etapas de los mismos, y es en Cristo. Cuando la prueba se vuelve tan fuerte que se siente como si se estuviera quemando, sabrá que está experimentando las etapas finales del bautismo en Cristo.

Si usted no entiende el bautismo de fuego, es posible que se sienta culpable, pensando que usted hizo algo mal. Creo que a medida que nos acercamos a la temporada en la que estaremos entrando en la plena estatura, las personas pasarán por el bautismo de fuego con mucha más rapidez.

He estado en esa etapa por años, pero el fuego sólo sigue en aumento. Tal vez las personas que están en el jardín a medianoche irán por el más rápido. Estoy en el punto en el que oro continuamente para que este bautismo de fuego sea completado. Siento que estoy en la etapa de *transición* del parto que una mujer experimenta justo antes de que su bebé nazca. Simplemente deja que suceda. Espero que no sea demasiado largo.

Marcos 16:16

> ¹⁶ *EL QUE CREA Y SEA BAUTIZADO, SERÁ SALVO*; PERO EL QUE NO CREA, SERÁ CONDENADO. **RVR 1995**

¿Aquel que cree qué? El que cree en *el Evangelio de la perfección* será bautizado en el Nombre del Señor Jesús. *Ser perfecto* significa estar *completo.*

Mateo 5:48

> ⁴⁸ *SED, PUES, VOSOTROS PERFECTOS*, COMO VUESTRO PADRE QUE ESTÁ EN LOS CIELOS ES PERFECTO. **RVR 1995**

Aquel que cree (el Evangelio de la perfección - que es posible en Cristo Jesús llegar a ser perfecto), *y es bautizado, o lleno, con el Espíritu Santo, será salvo.*

Bautismo, o la inmersión total permanente en Cristo, es la salvación plena; espíritu, alma y cuerpo.

Cuando usted cree que es posible para Jesús completarlo (llenarlo), usted será bautizado en el Nombre del Señor Jesús (el bautismo imparte la simiente de Cristo que carga el Espíritu Santo), y Cristo sumergirá (bautizará) su naturaleza caída en el lago de fuego, y usted será salvo.

Sin embargo, el que no cree que Jesús pueda completarlo, continuará teniendo sus motivos y comportamientos juzgados por Satanás, el ejecutor del juicio de siembra y cosecha.

Marcos 16:16 – TA: El *que cree que es posible que Jesús los*
complete será bautizado en el Nombre del Señor Jesús, y dicho
bautismo le imparte la simiente de Cristo que el Espíritu Santo
lleva, y Cristo sumergirá su naturaleza caída en el lago de
fuego, y usted, será salvo;

Sin embargo, el que no cree que Jesús lo puede completar,
continuará siendo juzgado en sus motivaciones y
comportamientos por Satanás, el ejecutor del juicio de siembra
y cosecha. (TAB)

La Salvación Es Un Proceso

PREGUNTA: ¿Qué significa en la escritura *"trabaja en tu*
salvación con temor y temblor"?

PASTORA VITALE: Esto significa que estamos *en el proceso*
de ser salvados. Tan pronto como profesamos la fe en Jesucristo
como nuestro Salvador, recibimos *la promesa de la salvación, y*
nuestro espíritu se salva de forma inmediata. Pedro llama a la
salvación de nuestro espíritu, *la salvación común*[9]. . .

Judas 3

> [3] AMADOS, POR EL GRAN DESEO QUE TENÍA DE
> ESCRIBIROS ACERCA DE NUESTRA *COMÚN SALVACIÓN,* ME HA
> SIDO NECESARIO ESCRIBIROS PARA EXHORTAROS A QUE
> CONTENDÁIS ARDIENTEMENTE POR LA FE QUE HA SIDO UNA
> VEZ DADA A LOS SANTOS. **RVR 1995**

. . . pero la salvación de nuestra alma requiere una guerra.

2 Co. 10:4

[4] *PORQUE LAS ARMAS DE NUESTRA MILICIA NO SON CARNALES*, SINO PODEROSAS EN DIOS PARA LA DESTRUCCIÓN DE FORTALEZAS. **RVR 1995**

Las armas que se nos entregan significan que hemos recibido la capacidad de ser salvos, pero debemos hacer el trabajo espiritual de la salvación.

Santiago 2:17

[17] ASÍ TAMBIÉN LA *FE, SI NO TIENE OBRAS, ESTÁ COMPLETAMENTE MUERTA*. **RVR 1995**

Juan 9:4

[4] ME ES NECESARIO *HACER LAS OBRAS* DEL QUE ME ENVIÓ, *MIENTRAS DURA EL DÍA*; LA NOCHE VIENE, CUANDO NADIE PUEDE TRABAJAR. **RVR 1995**

Si la Iglesia supiera que sólo nuestro espíritu es salvo inicialmente, estarían invirtiendo más tiempo mirando hacia su interior para hacer frente a sus propios pecados, y menos tiempo tratando de salvar a los demás. La Escritura enseña claramente sobre la continua purgación de la conciencia,

1 Pedro 5:8

[8] *SED SOBRIOS Y VELAD*, PORQUE VUESTRO ADVERSARIO EL DIABLO, COMO LEÓN RUGIENTE, ANDA ALREDEDOR BUSCANDO A QUIEN DEVORAR: **RVR 1995**

No nos quemamos en el infierno para siempre si morimos. El castigo eterno por un delito finito se opone al principio bíblico de *ojo por ojo y diente por diente*. El hombre es mortal, y su *habilidad para pecar* termina con la muerte del cuerpo.

Tendríamos que continuar pecando por la eternidad para justificar el castigo eterno.

Si usted tiene la oportunidad de ser encontrado en Cristo cuando Él se manifieste, y esta es la hora de la aparición, ¿No querría eso?

La Escritura dice que cuando Cristo se ponga de pie, allí será el lloro y el crujir de dientes. Muchos se sentirán mal, como tontos, cuando se den cuenta de que ellos escogieron el estiércol de este mundo por encima de la realidad.

1 Pedro 1:9

⁹ OBTENIENDO EL FIN DE VUESTRA FE, QUE ES LA SALVACIÓN DE VUESTRAS ALMAS. **RVR 1995**

Nuestra alma está en el proceso de ser salvada. La salvación es purificación. Ningún pecado entrará en el Reino de los Cielos. Nuestra mente carnal debe ser purificada y traída en total sumisión a Cristo dentro de nosotros, lo cual es lo que el bautismo en Cristo lleva a cabo. Vamos a tomar nuestra mente carnal por la fuerza de Cristo en nosotros, y la arrojaremos al Lago de Fuego, que es Cristo Jesús.

La gente no quiere escuchar esto. Pero no importa si usted consume alcohol, se inyecta drogas, se involucra en relaciones sexuales ilícitas, o come en exceso para hacer frente a la ansiedad; todas estas actividades son formas idólatras si usted está involucrado en ellas de manera compulsiva, pero algunas son obviamente más destructivas que otras.

Incluso en el matrimonio, es idolatría que un hombre desee tener relaciones sexuales con su esposa *sólo* porque tuvo un mal día y quiere sentirse bien. Es la verdad. Cualquier cosa que no sea Cristo que lo satisfaga o le calme, es la operación de su naturaleza de pecado. *El acto sexual debe ser un intercambio de afecto mutuo.*

Pablo dijo que él tenía autoridad total sobre su cuerpo. No hay nada malo en comer receta de pato chino, pero cuando se come el pato porque está enojado, en lugar de recurrir a Jesús, hay algo malo en ello.

Pablo dijo que todas las cosas eran legales para él, pero no todas las cosas eran convenientes. Se supone que debemos tener un control total sobre nuestras vidas. Por supuesto, nadie ha llegado ahí todavía, pero es bueno ver algún progreso en estas áreas.

El bautismo en Su muerte

El bautismo en Cristo es en dos partes. La primera parte es el bautismo en Su muerte, y la segunda parte es el bautismo en su Vida, o Su resurrección.

Ro. 6:3-9

[3] ¿O NO SABÉIS QUE TODOS LOS QUE HEMOS SIDO BAUTIZADOS EN CRISTO JESÚS, *HEMOS SIDO BAUTIZADOS EN SU MUERTE?*,

[4] PORQUE *SOMOS SEPULTADOS JUNTAMENTE CON ÉL PARA MUERTE POR EL BAUTISMO*, A FIN DE QUE COMO CRISTO RESUCITÓ DE LOS MUERTOS POR LA GLORIA DEL PADRE, ASÍ TAMBIÉN NOSOTROS ANDEMOS EN VIDA NUEVA.

[5] SI FUIMOS PLANTADOS JUNTAMENTE CON ÉL *EN LA SEMEJANZA DE SU MUERTE*, ASÍ TAMBIÉN LO SEREMOS EN LA DE SU RESURRECCIÓN;

[6] SABIENDO ESTO, *QUE NUESTRO VIEJO HOMBRE FUE CRUCIFICADO JUNTAMENTE CON ÉL, PARA QUE EL CUERPO DEL PECADO SEA DESTRUIDO*, A FIN DE QUE NO SIRVAMOS MÁS AL PECADO,

[7] PORQUE, *EL QUE HA MUERTO HA SIDO JUSTIFICADO DEL PECADO*.

[8] Y *SI MORIMOS CON CRISTO*, CREEMOS QUE TAMBIÉN VIVIREMOS CON ÉL,

Dios creó solo un alma viviente, y todos somos miembros individuales de esa alma viviente. Podemos contar con nuestra mente carnal como inmolada desde el momento en que Cristo comienza a ser formado en nosotros, porque es solo cuestión de tiempo hasta que El mate la enemistad en nuestra carne.

Cristo está vivo y viviendo libremente en nosotros, pero hasta este momento, Jesús de Nazaret es el *único miembro del alma viviente* que tuvo éxito en asesinar su mente carnal.

Cuando Cristo es formado en nosotros, El comienza a salvar nuestra alma...

He. 6:19

...lo cual significa que el Cristo que está emergiendo dentro de nosotros comienza a destruir nuestra mente carnal.

Mira esto de esta manera, hay dos grupos de seres humanos en el mundo hoy día.

La mente carnal está dirigiendo, reinando y viviendo su vida a través de un grupo de seres humanos. Ningún hombre es suficientemente fuerte para restringir a *Leviatán*, la parte subconsciente de nuestra mente carnal. La Escritura dice que nadie puede acercársele.

Job 41:10

Cristo, el segundo grupo de seres humanos, se está acercando a Leviatán con la fuerza de Dios.

Ahora mismo, hay solo una persona en ese segundo grupo de seres humanos quien completamente ha inmolado su mente carnal, y ese es Jesucristo de Nazaret.

Ro. 1:4

⁴ QUE FUE DECLARADO HIJO DE DIOS CON PODER, SEGÚN EL ESPÍRITU DE SANTIDAD, *POR SU RESURRECCIÓN DE ENTRE LOS MUERTOS*: **RVR 1995**

Desde el momento en que Cristo comienza a formarse en usted, se encuentra en el segundo grupo de personas quienes tienen la fuerza en Cristo para inmolar su mente carnal. Hay alguien en usted que puede acercarse a su mente carnal, y Cristo no solo puede acercarse a Leviatán, sino que Su intención es aniquilarla.

La Escritura que dice, *somos bautizados en Su muerte*, significa que usted se ha movido a la segunda categoría y que su mente carnal está muriendo, y eventualmente, completamente, morirá.

Usted es bautizado en la muerte de Jesús cuando Cristo comienza a formarse en usted, y usted comienza a ser parte de la humanidad en quienes la mente carnal está siendo asesinada. De igual manera, por supuesto, así como su mente carnal está siendo asesinada, es bautizado en el Señor Jesús, y usted comienza a ser lleno de Su vida.

1 Co. 15:29

²⁹ DE OTRO MODO, ¿QUÉ HARÁN LOS QUE SE BAUTIZAN POR LOS MUERTOS, *SI DE NINGUNA MANERA LOS MUERTOS RESUCITAN? ¿POR QUÉ, PUES, SE BAUTIZAN POR LOS MUERTOS?* **RVR 1995**

Estamos en una condición desesperada si Adán, quien murió cuando comenzó el tiempo, no es levantado de la muerte en nosotros. ¿Por qué pasamos por esta crucifixión espiritual dolorosa de nuestra mente carnal si Cristo no está siendo levantado de la muerte en nosotros? Debemos ser bautizados en la muerte del *Hijo de Dios*, si *el Hijo del Hombre* va a ser levantado de la muerte en nosotros.

Juan 12:34

> [34] LE RESPONDIÓ LA GENTE: —NOSOTROS HEMOS OÍDO QUE, SEGÚN LA LEY, *EL CRISTO PERMANECE PARA SIEMPRE*. ¿CÓMO, PUES, DICES TÚ QUE ES NECESARIO QUE EL HIJO DEL HOMBRE SEA LEVANTADO? ¿QUIÉN ES ESTE HIJO DEL HOMBRE? **RVR 1995**

Estos son eventos recíprocos los cuales experimentamos simultáneamente. Adán se levantó de la muerte primero en el hombre Jesús, y ahora nuestra mente carnal muere a la medida en que la vida de Jesús es impartida a nosotros por su Espíritu glorificado.

Jesús es el primer hombre mortal en ascender de la muerte de la mente carnal que heredó de sus padres, para ser nacido de nuevo en el mundo espiritual visible de Elohim, sobre el mar del nivel (reino) del alma. Por esta razón, Jesús tendrá por siempre la preeminencia sobre todos los Hijos de Dios quienes ascienden por encima de su mente carnal, y son glorificados.

He. 2:10

> [10] CONVENÍA A AQUEL POR CUYA CAUSA EXISTEN TODAS LAS COSAS Y POR QUIEN TODAS LAS COSAS SUBSISTEN QUE, *HABIENDO DE LLEVAR MUCHOS HIJOS A LA GLORIA*, PERFECCIONARA POR MEDIO DE LAS AFLICCIONES AL AUTOR DE LA SALVACIÓN DE ELLOS. **RVR 1995**

¿Por qué? Porque Cristo, el Salvador, levantado de la muerte en medio del hombre mortal, está todavía en el mundo caído debajo del firmamento. El Jesucristo glorificado es Su única conexión con el mundo de arriba. Por lo tanto, el Cristo que está madurando tiene que casarse con Jesús, quien está arriba.

Cristo en la tierra (cuerpo) de un individuo, casado con Jesús quien está arriba, es llamado **Cristo Jesús**.

Algunas personas experimentan a Cristo Jesús tomando posesión sobre su mente temporalmente, para un propósito específico que el Señor quiere llevar a cabo. Pero cuando Cristo Jesús cubre nuestra mente carnal **PERMANENTEMENTE**, tendremos la fuerza para vencer a Satanás, la parte inconsciente de nuestra mente carnal, Leviatán, la parte subconsciente de nuestra mente carnal, y a Caín, la parte consciente de nuestra mente carnal, y nos levantaremos a vida eterna en Cristo Jesús.

Este entendimiento debe darle esperanza mientras pasa por las experiencias dolorosas de su tribulación personal. Todo el mundo tiene su propio testimonio.

Cualquier dolor que usted pueda experimentar, por la esperanza de Cristo apareciendo en usted y casándose con el Jesús de arriba, se vuelve pequeño. Cristo Jesús vencerá los poderes y principados que rigen este mundo, los cuales constantemente nos someten a la muerte y el infierno. No hay otra manera de salir de este mundo, que no sea a través de la muerte física. *Y ESTAMOS AQUÍ POR CAUSA DE NUESTRO PECADO*.

El bautismo en Su resurrección

La locura de la predicación

COMENTARIO: ¿Comienza la mente carnal a morir cuando entendemos lo que está diciendo?

PASTORA VITALE: Su mente carnal comienza a morir cuando el Espíritu Santo se une a su espíritu humano y Cristo comienza a ser formado en usted. Es Cristo en usted quien comprende el mensaje.

Este mensaje no es mío. El Señor Jesús está trayendo este mensaje y la unción que está cayendo a través de mí, es por el propósito específico de penetrar su espíritu humano e injertar Cristo en usted.

COMENTARIO: Pero ¿cómo sucede eso? ¿Por escuchar el mensaje y entenderlo?

PASTORA VITALE: Por la locura de la predicación, lo cual es más que escuchar. Jesús dijo . . .

Juan 6:63

> [63] EL ESPÍRITU ES EL QUE DA VIDA; LA CARNE PARA NADA APROVECHA. *LAS PALABRAS QUE YO OS HE HABLADO SON ESPÍRITU Y SON VIDA.* **RVR 1995**

. . . significando, las palabras predicadas bajo la unción están penetrando esperma espiritual a aquellos que se abren ante El.

El mensaje no le sería de provecho si estuviera sentado aquí con su corazón tapado o cerrado, pero siendo que usted está dispuesto a entender hasta el máximo lo que el Señor le permita, El, quien es Espíritu, está penetrando su alma y fertilizando su potencial para que nazca Cristo.

Reproducción espiritual

En la reproducción sexual humana, hay miles, sino son millones, de espermas que fluyen sobre el huevo femenino antes de ser fertilizado. Cada individuo es único en cuanto a cuantos mensajes tendría que escuchar, o sujetarse, para concebir a Cristo. Por supuesto, una vez la fertilización ha tomado lugar, las mismas palabras se convierten en alimento (comida) que alimenta al Cristo que está emergiendo en usted.

No quiero que ninguno piense que pueden concebir a Cristo por sentarse bajo esta unción una sola vez. Usted se mantiene bajo la unción por una temporada, por el largo que la temporada pueda ser, hasta que el Señor Jesús le deje ir. No quiero que usted esté aquí más allá de lo que Cristo lo ha llamado a permanecer aquí, pero tampoco quiero que cualquiera piense que Él le ha llamado aquí para una o dos reuniones. Esto es muy poco probable.

La Palabra implantada

Algunas personas piensan que ellos solo tienen que escuchar el mensaje, pero Dios quiere que usted entienda que hay mucho más en cuanto a concebir a Cristo que eso. Usted ha sido penetrado por estas palabras. Santiago nos habla sobre la *Palabra injertada o implantada*.

Santiago 1:21

> [21] POR LO CUAL, DESECHANDO TODA INMUNDICIA Y ABUNDANCIA DE MALICIA, RECIBID CON MANSEDUMBRE *LA PALABRA IMPLANTADA*, LA CUAL PUEDE SALVAR VUESTRAS ALMAS. **RVR 1995**

La Palabra, la cual es Espíritu y vida, tiene que entrar dentro de su mente y echar raíz ahí para reproducir el Espíritu del hombre quien está predicando por el Espíritu de Cristo a usted. El tiempo y el esfuerzo que pones en escuchar el mensaje serían en vano, si has estado sentado aquí por seis años, si el Espíritu a través del cual está predicando no comienza a crecer en usted.

Un conocimiento intelectual de esta Palabra lo único que le traerá será muerte. La Palabra tiene que ser formada en usted, reproducida en usted. Cristo, quien está hablando a través del predicador, tiene que ser reproducido en su mente.

El Señor Jesús está levantando predicadores ahora mismo por causa del avivamiento que viene. Se necesitarán muchos para predicar el Evangelio de la Perfección. Una sola persona no puede hacer el trabajo. Ni siquiera diez personas pueden hacer el trabajo. El mundo entero tiene que escuchar este mensaje. Pero el Señor Jesús comenzará con un grupo.

Digamos, hipotéticamente, que es nuestro grupo. Cuando el Cristo dentro de cada uno de nosotros madure al punto de que Él pueda enseñar el Evangelio de la Perfección, cada uno de nosotros tendrá discípulos, quienes eventualmente tendrán discípulos, quienes eventualmente tendrán discípulos, etc. De esta manera, el Evangelio de la Perfección será expandido a través de la humanidad. Si hay más grupos como este alrededor del mundo, entonces el Evangelio de la Perfección ya se está extendiendo fuera hacia las cuatro esquinas de la tierra.

COMENTARIO: Va a tomar tiempo, porque está tomando tiempo el que comprendamos el Evangelio de la Perfección en nosotros mismos.

PASTORA VITALE: Pienso que una vez que los Primeros Frutos se levanten en su estatura completa, el ascender hacia la perfección será más fácil y más rápido para aquellos que nos están siguiendo. No estoy en la estatura completa. Creo que, si Pablo o Pedro estuvieran parados aquí, pudieran ayudarles a avanzar o adelantar con solo un poco de reuniones, o quizás posiblemente, con un solo encuentro. Quizás me hayan escuchado predicar que esto es lo que Pedro estaba haciendo por Ananías.[10]

Oro y Plata no tenemos

Creo que hay un significado doble (físico y espiritual) en la Escritura que habla sobre el encuentro de Pedro con el hombre que estaba pidiendo en la puerta. Pedro dijo, *Oro y plata no tengo, pero en el nombre de Jesucristo de Nazaret levántate y anda…*

Hechos 3:6
> [6] PERO PEDRO DIJO: —*NO TENGO PLATA NI ORO,* PERO LO QUE *TENGO TE DOY*: EN EL NOMBRE DE JESUCRISTO DE NAZARET, LEVÁNTATE Y ANDA. **RVR 1995**

---

[10] Ver, *Ananías & Safira*, LEM Mensaje # 386 y *Sofía, Sabiduría (Ananías & Safira)*, CCK Mensaje # 838.

. . .y los tobillos del hombre fueron fortalecidos, y brincó y saltó.
Hechos 3:7-8

[7] ENTONCES LO TOMÓ POR LA MANO DERECHA Y LO LEVANTÓ. AL INSTANTE SE LE AFIRMARON LOS PIES Y TOBILLOS;

[8] *Y SALTANDO, SE PUSO EN PIE Y ANDUVO*; Y ENTRÓ CON ELLOS EN EL TEMPLO, ANDANDO, SALTANDO Y ALABANDO A DIOS. **RVR 1995**

Creo que no solo fueron fortalecidos los tobillos físicos del hombre, pero que la alta autoridad espiritual con la que Pedro habló, atrapó al hombre y lo levantó en Cristo Jesús.

El texto interlinear de Hechos, capítulo 3, indica que el hombre reconoció a Pedro y a Juan. Una palabra no traducida[11] revela que el hombre no estaba pidiendo dinero, sino preguntando por un despertar espiritual.

Hechos 3:2

[2] HABÍA UN HOMBRE, COJO DE NACIMIENTO, QUE ERA LLEVADO Y DEJADO CADA DÍA A LA PUERTA DEL TEMPLO QUE SE LLAMA LA HERMOSA, *PARA QUE PIDIERA LIMOSNA A LOS QUE ENTRABAN EN EL TEMPLO; RVR 1995*

El verso 2 del *Texto Interlinear* indica que el hombre había escuchado a Pedro y a Juan predicar y le dio bienvenida a la semilla viril espiritual, la cual fue depositada a la puerta de su mente.

El contacto visual entre ellos (versos 4-5) le confirmó a Pedro que el hombre creyó a la Palabra, y estaba firmemente esperando un milagro…

---

[11] Concordancia Strong #2983, para dar a una persona el acceso a sí mismo, para recibir lo que se ofrece.

113

Hechos 3:4-5

. . .y Pedro dijo en el verso 6 citado arriba, lo que tengo te doy, que Cristo (plata/salvación) comience a salir en ti[12] [y sea unido a] Jesús (oro), el cual está por encima de Satanás,[13] y despierta [de la muerte] y vive en el Espíritu de Jesucristo de Nazaret.

No estoy en estatura plena, así que se está tomando un largo tiempo para que Cristo sea levantado en la gente a la que le enseño. Es difícil para usted y es difícil para mí.

El cuerpo de Cristo

No somos este cuerpo físico, y no somos esta mente carnal. Somos nuestra personalidad, la cual es alma. Cuando nuestro espíritu humano se escape de nuestra mente carnal, nosotros [nuestra personalidad/alma] huirá y vendrá a ser una con Cristo Jesús, el Lago de fuego. Entonces, El cubrirá o hará sombra sobre nuestra mente carnal y se tragará los elementos viles de nuestra vieja naturaleza.

Nuestro cuerpo físico es sólido, pero nuestro nuevo cuerpo glorificado es un cuerpo etéreo. Es un cuerpo celestial. Pueden ver a través de él. Cuando Jesús caminó sobre el agua, Sus discípulos pensaron que era un fantasma, porque estaba caminando en su cuerpo celestial.

---

[12]   Las palabras *"comience a salir en ti"*, son una traducción de la palabra griega traducida **tener o tiene**, **Strong** # 5225.

[13]   Satanás es una traducción de la palabra griega traducida como **no o nada**; una partícula negativa. Por la licencia de traductor, toda partícula negativa puede ser traducida como un principio negativo de la Escritura.

1 Co. 12:13

¹³ PORQUE POR UN SOLO ESPÍRITU FUIMOS
TODOS BAUTIZADOS EN *UN CUERPO,* ... **RVR 1995**

¿Qué cuerpo? El cuerpo de Cristo. ¿Qué es el cuerpo de Cristo? El cuerpo de Cristo existe en el cielo de abajo y en el de arriba al mismo tiempo.

El *cielo de abajo* es la dimensión espiritual de este mundo físico, el cual aparece debajo del firmamento luego que Adán murió y cayó en este mundo. El *cielo de arriba* es el mundo spiritual arriba del firmamento, el cual es revelado a la humanidad a través del Señor Jesucristo.

El cuerpo de Cristo en el *cielo de abajo* consiste de las personalidades (almas) quienes están viviendo por el Cristo resucitado dentro de ellos mismos. El cuerpo de Cristo en *el cielo de arriba* consiste de las personalidades quienes ascienden al mundo espiritual de arriba por causa de que prefieren a Cristo en lugar de este mundo. Están unidos a Jesús quien está arriba, porque ellos han rechazado su mente carnal.

Cristo Jesús está dividido de sí mismo en el cielo de abajo, porque Sus muchas personalidades (cuerpos) están viviendo, por lo menos parcialmente, de su mente carnal.

Digamos que la luna es símbolo de la personalidad (cuerpo), y que Cristo Jesús es símbolo del sol. Podemos decir, entonces, que la personalidad (cuerpo), la cual está en perfecta sumisión a Cristo Jesús, el sol, está totalmente eclipsada por El. Esto no quiere decir que la personalidad cesa de existir como un individuo, pero, por el contrario, viene a ser una expresión individual perfecta de Cristo Jesús, con un potencial para creatividad infinito.

La personalidad, la cual es el alma, no puede existir separada de la mente, así que cada personalidad tiene que ser una expresión de alguna mente. El hombre mortal ha sido casado con la mente

115

carnal por demasiado tiempo que pensamos en la actualidad que estamos a cargo de nuestras propias vidas, pero esto no es así.

La mente carnal es el Árbol de la Ciencia del Bien y el Mal. Ella expresa ambos, bueno y malo, en una variedad de grados y combinaciones a través de las personalidades (cuerpos) a los que está unida.

Los pensamientos de la mente carnal, los cuales están divididos unos contra otros, se convierten en paredes de separación porque lo **bueno** y lo **malo** son rasgos de carácter opuestos. Cristo Jesús es el *Árbol de la Vida*, el cual expresa consistentemente justicia a través de las personalidades (cuerpos) con las que Él está unido. Sus pensamientos fluyen armoniosamente a través de todos ellos.

Lo que es percibido como *individualidad* aquí abajo en el cielo de abajo, es realmente las cualidades de división de la mente carnal, se desvanece en el cielo de arriba. Cada personalidad es un individuo en el cielo de arriba porque es una expresión única y creativa del hombre perfecto; Cristo Jesús.

El individuo, en quien fluyen armoniosamente las personalidades (cuerpos) de Cristo, son esa gran nueva ciudad, la Santa Jerusalén, donde todos aquellos que están viviendo de Cristo Jesús se reúnen y comparten experiencias espirituales…

Ap. 21:2

²Y YO, JUAN, VI *LA SANTA CIUDAD, LA NUEVA JERUSALÉN*, DESCENDER DEL CIELO, DE PARTE DE DIOS, ATAVIADA COMO UNA ESPOSA HERMOSEADA PARA SU ESPOSO. **RVR 1995**

…ella es la novia, la esposa del cordero…

Ap. 21:9-10

⁹ ENTONCES VINO A MÍ UNO DE LOS SIETE ÁNGELES QUE TENÍAN LAS SIETE COPAS LLENAS DE LAS SIETE PLAGAS POSTRERAS Y HABLÓ CONMIGO, DICIENDO: «VEN ACÁ, TE MOSTRARÉ LA *DESPOSADA, LA ESPOSA DEL CORDERO*.»

¹⁰ME LLEVÓ EN EL ESPÍRITU A UN MONTE GRANDE Y ALTO Y ME MOSTRÓ *LA GRAN CIUDAD, LA SANTA JERUSALÉN*, QUE DESCENDÍA DEL CIELO DE PARTE DE DIOS, **RVR 1995**

…y ella es el cuerpo de Cristo Jesús, los muchos miembros de la mente subconsciente del completo Nuevo Hombre que el Señor Jesús está trayendo.

Ap. 3:14

[14] ESCRIBE AL ÁNGEL DE LA IGLESIA EN LAODICEA: EL AMÉN, EL TESTIGO FIEL Y VERDADERO, *EL PRINCIPIO DE LA CREACIÓN DE DIOS; RVR 1995*

Comenzamos siendo bautizados en el cuerpo colectivo de Cristo cuando el Espíritu del Señor Jesús, que está arriba, se une con el Cristo resucitado en nosotros.

No importa si usted es un judío o gentil, esclavo o libre, hombre o mujer. Cuando el Cristo resucitado en usted se une a Jesús, que está arriba, Jesucristo traspasará su mente carnal y la forzará debajo de Él. Después de eso, ella no será vista nunca más. Sólo se verá Jesucristo. Este es el bautismo en Cristo. Jesucristo se está tragando todo lo que no es de su vida.

Un Espíritu

1 Co. 12:13

[13]…Y A TODOS SE NOS DIO A BEBER DE *UN MISMO ESPÍRITU*. RVR 1995

Cada personalidad que expresa a Cristo Jesús está bebiendo del mismo Espíritu de Cristo.

El verso 14 dice…

1 Co. 12:14

[14] ADEMÁS, EL CUERPO *NO ES UN SOLO MIEMBRO*, SINO MUCHOS. **RVR 1995**

El cuerpo de Cristo consiste en personalidades individuales (almas) con mente similar, los cuales están integrados armoniosamente con Cristo Jesús dentro de ellos mismos. El cuerpo de Cristo no consiste de los muchos cuerpos físicos que asisten a una iglesia local.

Cristo es el cumplimiento de la ley

Gal 3:22-27

> ²² PERO LA ESCRITURA LO ENCERRÓ *TODO BAJO PECADO*, PARA QUE LA PROMESA QUE ES POR LA FE EN JESUCRISTO FUERA DADA A LOS CREYENTES.

¿Los que creen en qué? El Evangelio de la Perfección.

> ²³ PERO ANTES QUE LLEGARA LA FE, *ESTÁBAMOS CONFINADOS BAJO LA LEY*, ENCERRADOS PARA AQUELLA FE QUE IBA A SER REVELADA.

Antes de que Cristo comenzara a ser formado en usted, usted estaba bajo la ley, porque Cristo es el cumplimiento de la ley. El Espíritu Santo no es el cumplimiento de la ley. Cristo en usted es la única esperanza para ser glorificado.

La Escritura está hablando acerca de la fe de Jesucristo, lo cual es Cristo en usted, su única esperanza de ser glorificado…

> ²⁴ DE MANERA QUE LA LEY HA SIDO NUESTRO GUÍA PARA LLEVARNOS A CRISTO, A FIN DE QUE FUÉRAMOS JUSTIFICADOS POR LA FE.

…la fe del Hijo de Dios, el cual está viviendo Su vida a través de usted.

> ²⁵ PERO *AHORA QUE HA VENIDO LA FE*, YA NO ESTAMOS BAJO UN GUÍA.

Estamos bajo la ley hasta que Cristo en nosotros *viene a ser el factor de control de nuestra vida*. Pero, hasta donde yo tengo conocimiento, aun aquellos de nosotros que estamos hambrientos y sedientos por la vida de Dios, podemos salirnos de debajo de la voluntad de Cristo.

Desobedezco a Cristo de tiempo en tiempo, y ni siquiera soy capaz de decir por qué. Cristo es muy importante para mí y el sí controla mucho en mi vida. Pero tengo que admitir que Él no es el único factor de control de mi vida. Todavía en ocasiones escucho a mi mente carnal.

La Carrera contra la muerte

Ap. 14:20

He escuchado muchos mensajes predicados sobre este tópico. Pero cuando buscamos cada palabra griega de esta Escritura, encontramos que está hablando acerca de la carrera que Pablo dijo que estábamos todos corriendo.

He. 12:1

119

¿Dónde se está corriendo esta carrera? La personalidad que está unida a Cristo Jesús está corriendo una carrera espiritual mientras que su cuerpo está todavía en este mundo físico.

La Escritura está diciendo que el Espíritu Santo, Cristo, y el Señor Jesús, quien está arriba, se están convirtiendo en el factor de control de este mundo físico caído. Para el tiempo en que esta Escritura tenga su cumplimiento este sistema mundial, lo que conocemos como el infierno, será como el cielo.

La promesa de Jesucristo, o ser como Jesucristo, es dado a aquellos que creen. ¿Creer qué? Creer que lo que le sucedió a Jesucristo puede sucederles a ellos también. Este es el Evangelio de la Perfección, que seamos bautizados en Su vida.

Hijitos, jóvenes, padres

El bautismo en Cristo ocurre cuando la simiente del Padre, (la cual es impartida a través del bautismo en el Nombre del Señor Jesús) vence a la mente carnal. La simiente del Padre es dada para formar a Cristo en nosotros, para que Cristo pueda vencer nuestra mente carnal. Eso es el bautismo en Cristo.

Gal 3:27

[27] PUES TODOS LOS QUE HABÉIS SIDO *BAUTIZADOS EN CRISTO*, DE CRISTO ESTÁIS REVESTIDOS. **RVR 1995**

Aquí está una referencia cruzada.

1 Juan 2:13

[13] OS ESCRIBO A VOSOTROS, *PADRES*, PORQUE CONOCÉIS AL QUE ES DESDE EL PRINCIPIO. OS ESCRIBO A VOSOTROS, *JÓVENES*, PORQUE HABÉIS VENCIDO AL MALIGNO. OS ESCRIBO A VOSOTROS, *HIJITOS*, PORQUE HABÉIS CONOCIDO AL PADRE. **RVR 1995**

Los versos con palabras escritas en una secuencia son frecuentemente escritos desde una perspectiva espiritual. Se podría decir, ya que serían vistos desde arriba del firmamento. Este mundo físico en el que vivimos es lo opuesto, es una imagen especular del mundo espiritual de arriba. La secuencia está fuera de orden para nosotros, así que tenemos que revertirla.

Para hacer sentido de este verso tenemos que decir, *Les estoy hablando a ustedes hijitos (niñitos) porque han conocido al Padre, y les escrito a ustedes jóvenes porque han vencido al malvado, y les escribo a ustedes padres porque le han conocido a Él quien es desde el principio*. Todavía estamos carnales, y necesitamos revertir la secuencia para entenderla.

La expresión *hijitos* nos habla de las personalidades en las que Cristo ha sido formado, *jóvenes* nos habla acerca de las personalidades en las que Cristo está madurando y venciendo a la mente carnal, y *padres* está hablándonos sobre las personalidades donde Cristo está casado con el Jesús de arriba.

Usted es un padre cuando posee la semilla viril que puede impregnar un hombre caído con Cristo. Esto es lo que Pedro hizo en nuestra discusión previa sobre el hombre cojo. No tenemos que pararnos aquí con un micrófono cuando tenemos una relación como la que Jesús tenía con el Padre. Lo más probable es que el Señor te tendrá predicando, pero eso no tiene por qué ser el caso El factor importante es que Él está literalmente viviendo a través de ti.

Si el Señor te envía a alguien en el metro, o en el autobús, y Cristo despierta en ti y habla con esa persona, y ese encuentro resulta en que Cristo sea concebido en ellos, usted es un padre.

La gran idea de tener un llamado al altar y decirle a la gente que reciban a Cristo en sus corazones es infantilismo espiritual. No hay manera de que usted reciba a Cristo en su corazón a menos que *EL* escoja entrar en usted. Si El entró en su corazón cuando usted contestó a un llamado al altar, fue porque El honró su fe.

Noventa por ciento de la gente que responde a un llamado al altar luego se apartan. ¿Por qué? Porque puede que hayan recibido al Señor Jesús, pero Él nunca los recibió a ellos. El Espíritu Santo tiene que aprehenderle, y cuando Él lo hace, comienza a experimentar Su vida.

¿Quién tú crees que eres, mente carnal? ¿Quién tú crees que eres? Eres nada. El Señor me ha estado diciendo por años que somos Mickey Mouse (el ratoncito Miguel). Somos ratoncitos, bien vestidos con corbatas de lazos y lindos vestidos y desodorantes. Somos nada. ¿Haz una decisión por Cristo? ¡Qué ridículo! Arrepiéntase, y pídale a Él que lo reciba, y cuando Él lo haga, usted, quien es nada, viene a ser algo.

Un Dios

Se nos ha enseñado que el Padre habita en Su Cristo. Si tiene al Padre, tiene al Hijo. ¿Cuál es la diferencia entre el Padre y el Espíritu Santo?

El Espíritu Santo es el Espíritu del Hijo. El Espíritu de Cristo es el Espíritu del Padre y del Hijo.

<u>Mateo 28:19</u>

[19] POR TANTO, ID Y HACED DISCÍPULOS A TODAS LAS NACIONES, *BAUTIZÁNDOLOS* EN EL NOMBRE DEL PADRE, DEL HIJO Y DEL ESPÍRITU SANTO: **RVR 1995**

Cuando Jesús dijo esto, Él estaba hablando acerca de dos bautismos diferentes. El bautismo en Cristo y el bautismo en el Espíritu Santo.

Jesús dijo, ***bautícenlos en el nombre del Padre y del Hijo***, lo cual es Cristo.

El Señor Jesucristo estaba hablando acerca de dos bautismos maduros aquí. Él no estaba hablando sobre el Bautismo en Agua, ni estaba hablando sobre el Bautismo en el Nombre del Señor, lo cual imparte fe, o la concepción. Él estaba hablando acerca de vestirse de Cristo, lo cual es estatura plena permanente, y el

Bautismo con el Espíritu Santo, lo cual es estatura plena temporera.

Jesús estaba hablando sobre los dos bautismos, los cuales son las etapas finales de Su creación perfeccionada. Este punto tan importante coloca un gran agujero en la doctrina de error conocida como *la trinidad*.

Hay Un Solo Dios, y Su Nombre es Uno.

Dt. 6:4

> [4] OYE, ISRAEL: *JEHOVÁ, NUESTRO DIOS, JEHOVÁ UNO ES.* **RVR 1995**

Esto quiere decir que *el Padre y el Hijo* significan Un Dios quien se está relacionando con la humanidad desde dos diferentes posiciones:

(1) El Padre, quien está tan lejos arriba de la humanidad que es incomprensible para nosotros, y

(2) Cristo Jesús, el Hijo con quien podemos relacionarnos por causa de Su experiencia humana.

Un buen ejemplo sería decir que nuestro brazo (el Hijo) conecta nuestra mano (nuestra humanidad) al resto del cuerpo (el Padre), pero el brazo y el cuerpo son parte del mismo todo, lo cual es un solo cuerpo.

Cuando el Señor Jesús está apareciendo como el Padre, Él es uno con el Padre, y Él es el Padre para nosotros, y cuando el Señor Jesús está apareciendo como Cristo Jesús, Él es el Hijo. Así que Dios se revela a sí mismo a través de diferentes miembros de la familia de Dios.

1 Tim 2:5

⁵ PUES HAY UN SOLO DIOS, Y *UN SOLO MEDIADOR* ENTRE DIOS Y LOS HOMBRES: JESUCRISTO HOMBRE. **RVR 1995**

Por lo tanto, la Escritura enseña que hay un solo Mediador entre Dios [el Padre] y la humanidad, [y Él es] el hombre [espiritual], Cristo Jesús [el Hijo].

Dios, el Padre, habita en el mundo espiritual por encima del firmamento, *el cielo de arriba*, y el Hijo, habita en la tierra del *cielo de abajo* (el aspecto espiritual del hombre). El Señor es Un Dios quien identifica Su posición en relación con el hombre con Nombres. Las Escrituras que son comúnmente usadas para sostener la doctrina de la Trinidad fueron añadidas al manuscrito original del libro de Juan cuando fue traducido del arameo.

La vista desde el otro lado

El bautismo en Satanás

Lucas 22:3

³ *ENTRÓ SATANÁS EN JUDAS*, POR SOBRENOMBRE ISCARIOTE, EL CUAL ERA UNO DE LOS DOCE. **RVR 1995**

Satanás es la parte inconsciente de la mente carnal. Judá estaba completamente bautizado en Satanás. Podemos *recibir*, o ser *llenos* con Satanás, así como con el Espíritu Santo, porque el espíritu que gobierna nuestra mente nos bautiza. Satanás es el espíritu de nuestra mente carnal, así que en cualquier momento en que estamos (actuando) en nuestra mente carnal, Satanás está presente.

Job 1:6

⁶ UN DÍA ACUDIERON A PRESENTARSE DELANTE DE JEHOVÁ LOS HIJOS DE DIOS, Y ENTRE ELLOS VINO TAMBIÉN SATANÁS. **RVR 1995**

Jesús le dijo a Pedro que – por ese momento – concerniente al pensamiento presente en su mente, que él estaba pensando y hablando los pensamientos de Satanás.

Mateo 4:10

¹⁰ ENTONCES JESÚS LE DIJO: *—VETE, SATANÁS,* PORQUE ESCRITO ESTÁ: "AL SEÑOR TU DIOS ADORARÁS Y SÓLO A ÉL SERVIRÁS." **RVR 1995**

1 Tim 5:15

¹⁵ PORQUE YA ALGUNAS *SE HAN APARTADO EN POS DE SATANÁS.* **RVR 1995**

Nuestros pensamientos vienen de Satanás cuando estamos en nuestra mente carnal, y vienen de Dios cuando estamos en nuestra mente de Cristo. Eso es correcto, nuestros pensamientos pueden venir de Satanás, aun y luego de haber recibido al Espíritu Santo.

Jesús y Juan no les estaban poniendo nombres a los fariseos cuando los llamaban víboras. Ellos estaban diciendo que los fariseos (quienes reclaman ser la imagen de Jehová), tienen la naturaleza de la serpiente, así como el resto del mundo. Ellos han recibido, o son bautizados en Satanás. Quienquiera que tenga a Cristo, ha recibido una mente adicional.

La gente de nuestro mundo son una mezcla de lo bueno y lo malo, pero solo una pequeña minoría son *satánicamente malvados*, como un asesino en serie, por ejemplo. Satanás y la mente carnal son el Árbol de la ciencia del Bien y el Mal.

Todos tenemos el potencial para hacer el mal por causa de nuestra naturaleza de pecado heredada, pero el grado en el que realmente hacemos el mal, depende de muchos factores. Por tanto, Jehová nos ha dado a Cristo para salvarnos de nuestros pecados.

Tan pronto como Cristo está presente, comienza a anular el bautismo Satánico y controla nuestra mente carnal por períodos de tiempo cada vez más largos. Cuanto más maduros estemos en Cristo, más Cristo controla nuestra mente carnal. Sin embargo, todavía podemos ser influenciados por Satanás, nuestra mente inconsciente, cada vez que Cristo no está controlándola a ella. Esta es una palabra dura, pero la verdad nos hará libres.

TABLA DE REFERENCIAS

1

1 Cor 1:30 99
1 Cor 10:2 30
1 Cor 11:19 60
1 Cor 12:10 .... 75, 76
1 Cor 12:13 .... 115, 117
1 Cor 12:14 117
1 Cor 12:28 75
1 Cor 12:30 80
1 Cor 12:4-7 65
1 Cor 13:1 .... 71, 74
1 Cor 13:8-12 73
1 Cor 14:22 .... 77, 78
1 Cor 14:23 77
1 Cor 14:24 79
1 Cor 14:25 79
1 Cor 14:39 82
1 Cor 15:14 93
1 Cor 15:18-20 93
1 Cor 15:20 92
1 Cor 15:22 89
1 Cor 15:29 107
1 Cor 15:3-4 88
1 Cor 15:5 90
1 Cor 3:11 36
1 Cor 6:17 41
1 John 2:13 120
1 Peter 1:2 .... 14, 15
1 Peter 1:9 104
1 Peter 4:12 57

1 Peter 5:8 103
1 Tim 2:15 64
1 Tim 2:5 .... 15, 124
1 Tim 5:15 125

2

2 Cor 10:4 103
2 Cor 11:3 96
2 Cor 5:2,4 23
2 Peter 1:19 90
2 Peter 3:10 100

A

Acts 1:5 54
Acts 1:8 63
Acts 10:2,4 34
Acts 10:30-31 34
Acts 10:38 .... 7, 74
Acts 10:38-39 55
Acts 10:44 .... 32, 55, 66
Acts 10:44-45 62
Acts 10:45 56
Acts 10:46 .... 57, 75, 76
Acts 10:47 35
Acts 10:48 .... 35, 67
Acts 13:9-11 43
Acts 19:4 .... 11, 29
Acts 19:5 .... 29, 32
Acts 19:6 .... 32, 48, 75
Acts 2:2 20
Acts 2:4 .... 65, 74

Acts 3:2 113
Acts 3:4-5 114
Acts 3:6 112
Acts 3:7-8 113
Acts 4:30 64
Acts 8:18-19 47
Acts 9:17 85
Acts 9:17-18 87

C

Col 1:18 27
Col 1:27 .... 25, 47, 100
Col 3:10 14

D

Deut 6:4 123

E

Eph 2:15 94
Eph 4:13 .... 7, 81, 87
Eph 6:18 82
Ezek 14:3 61

G

Gal 2:20 25
Gal 3:16 48
Gal 3:22-27 118
Gal 3:27 120
Gal 4:19 33
Gen 1:16 90
Gen 1:5 90
Gen 2:21 94
Gen 24:3-4 59

H

Heb 12:1 119
Heb 12:29 99
Heb 2:10 108

Heb 6:19 106
Heb 6:2 40

J

James 1:21 .... 33, 111
James 2:17 103
James 4:7 21
Job 1:6 125
John 1:42 91
John 12:34 108
John 20:12 92
John 20:17 93
John 4:35 38
John 6:63 110
John 8:58 89
John 9:4 103
Jude 20-21 82
Jude 3 102

L

Luke 10:2 38
Luke 22:3 124
Luke 24:46 88
Luke 3:38 .... 16, 94
Luke 3:7-15 20
Luke 8:5-8 31

M

Mark 1:1 95
Mark 16:14 91
Mark 16:16 101
Mark 16:17 .... 72, 75
Matt 13:8 18
Matt 17:2 96
Matt 28:19 122
Matt 3:11 .... 17, 99
Matt 3:11-12 18

128

Matt 4:10 125
Matt 5:15 68
Matt 5:48 101

P

Phil 3:8 61
Phil 3:9 37

R

Rev 1:5 89
Rev 12:1-2 83
Rev 12:4 .... 42, 64

Rev 12:5-6 83
Rev 14:20 119
Rev 14:4 44
Rev 21:2 116
Rev 21:9-10 116
Rev 3:14 117
Rom 1:4 107
Rom 6:3-9 105
Rom 8:11 41
Rom 8:26 80
Rom 9:6 18

129

Traducción Alternada
Del Libro de la
Revelación de Jesucristo

Sheila R. Vitale, Autora
Marie Betancourt, Traductora de Español
Living Epistles Ministries

ADAN Y LOS DOS JUICIOS

Sheila R. Vitale, Autora
Marie Betancourt, Traductora de Español
Living Epistles Ministries

LA MUJER
EN EL POZO

Sheila R. Vitale, Autora
Marie Betancourt, Traductora de Español
Living Epistles Ministries

LA VERDAD A CERCA DE LA BRUJERÍA

Sheila R. Vitale, Autora
Traductora de Español
Living Epistles Ministries

NO
SIN
LA
SANGRE

**Entender
El Nuevo Pacto**
2º Edicíon

Sheila R. Vitale, Autora
Marie Betancourt, Traductora de Español
Living Epistles Ministries

SOBRE LA AUTORA

SHEILA R. VITALE

Sheila R. Vitale es la Líder Espiritual, Maestra Fundadora y Pastora de *Living Epistles Ministries (LEM) (Ministerios de Epístolas Vivientes [MEV])*. La pastora Vitale ha estado exponiendo las Escrituras a través de un lente espiritual único durante casi tres décadas y tiene seguidores internacionales. La pastora Vitale es ilustradora de principios espirituales, investigadora, traductora, comentarista social, conferenciante, crítico de cine, televisión y teatro, y autora. Ha escrito más de 50 libros basados en el Antiguo y Nuevo Testamento, incluyendo *No Sin la Sangre, Salvación* y *Los Tres Israeles*, así como traducciones únicas y esotéricas de textos bíblicos canónicos como *La mujer en el pozo* y *1 Corintios, capítulo 11*.

El estilo único de *partes-de mensajes-múltiples* de la pastora Vitale se ve en los Mensajes de Serie de LEM, como *A Place Teeming With Life [Un lugar repleto de vida]* (9 partes) y *Quantum Mechanics in Creation [Mecánica Cuántica en la Creación]* (18 partes). Cada mensaje parcial de las *partes-de-mensajes-múltiples* también se puede disfrutar como un estudio completo e independiente. La pastora Vitale analizó el texto griego y predicó extensamente sobre el Libro de Apocalipsis en sus primeros años, tiempo durante el cual produjo 197 Partes de Mensajes distintos, bajo 29 Títulos de Mensajes distintos, todos los cuales tratan sobre *El Libro de Apocalipsis*.

Su logro característico, sin embargo, es *La Biblia de Traducción Alternativa,* una interpretación esotérica de la Escritura que no tiene la intención de reemplazar las traducciones tradicionales. Además, ha dado más de 1,000 conferencias LEM que explican cientos de principios espirituales.

La pastora Vitale viaja tanto a nivel nacional como internacional, predicando y enseñando la Doctrina de Cristo. La pastora Vitale también creó, planificó y organizó bibliotecas de audio de sus enseñanzas sobre filosofía espiritual, y las distribuyó en Europa, América del Norte, Asia y África.

INICIOS, INSPIRACIÓN Y VOCACIÓN

Sheila Vitale comenzó su viaje espiritual cuando era niña, cuando su madre judía la inscribió como estudiante en una escuela hebrea ortodoxa. También asistió a la sinagoga en Shabat durante ese tiempo, donde experimentó el Espíritu de Dios por primera vez. Un anhelo tan profundo por Dios se despertó en ella que lloró. Estaba tan profundamente conmovida que se desesperó por asistir a la yeshivá (escuela secundaria judía), pero sus padres no podían pagar la matrícula.

Se enfermó gravemente alrededor de los 11 años y ha luchado contra enfermedades crónicas durante muchos años. Su última lucha con la muerte prematura ocurrió en 1990, cuando, después de estar internada por tres meses en el Hospital de la Universidad de Stony Brook, se recuperó de una enfermedad incurable y reanudó la enseñanza y el manejo de *LEM*.

Mucho más tarde, como adulta, después de años de búsqueda, una vez más, experimentó el Espíritu que la había llevado a las lágrimas en la sinagoga de su juventud. Pero esta vez fue en *Gospel Revivals Ministries*, una iglesia pentecostal donde se enfatizaba el Ministerio de Liberación.

Ella había deseado una comprensión más profunda de las Escrituras desde sus primeros años, por lo que comenzó a asistir a la iglesia regularmente. Leía al menos un capítulo de la Biblia todos los días, pero no entendía lo que estaba leyendo. Las Escrituras eran difíciles para ella, pero luchó con la tarea. Sin embargo, después de unos seis meses, mientras leía la Biblia, vio una visión del ángel con el pequeño libro descrito en el capítulo 10 del libro de Apocalipsis, versículo 8. Ella comenzó a entender la Biblia después de eso, pero pasaron varios años más antes de que comenzara a recibir el conocimiento revelado de la Escritura.

Estudió la Biblia y el Ministerio de Liberación durante unos siete años bajo la enseñanza de *Charles Holzhauser*, el Pastor de los *Ministerios de Avivamiento del Evangelio*, en Mount Sinai, NY. A veces asistía a hasta cinco servicios de enseñanza cada semana, además de estudiar durante horas interminables para obtener una visión clave de su fe. También editó los libros *del pastor Holzhauser* durante ese tiempo. Después de eso, estudió de forma independiente bajo la influencia y dirección del Espíritu Santo, antes de fundar *Living Epistles Ministries [Ministerios de Epístolas Vivientes]* en *1988*.

MINISTERIOS DE EPÍSTOLAS VIVIENTES

La pastora Vitale comenzó su entrenamiento para el ministerio bajo *el pastor Charles Holzhauser* de *Gospel Revivals Ministries* en 1978. El Señor le habló acerca de la enseñanza después de que ella expresó su deseo de una comprensión más profunda y espiritual de la Biblia. Respondió a su llamado divino y comenzó a enseñar su propia marca de Filosofía Espiritual, que ella llama *La Doctrina de Cristo*, en 1987, en el vecindario neoyorquino de Port Jefferson Station, Nueva York. El Señor Jesucristo nombró la obra *Ministerios de Epístolas Vivientes* en 1988.

Las primeras reuniones, que fueron casuales y espontáneas, se celebraron a finales de 1987. Las reuniones programadas comenzaron en enero de 1988, cuando la pastora Vitale predicó su primer mensaje formal titulado *La verdad sobre la brujería*, que fue seguido por *La seducción de Eva* en abril de 1988. Después de eso, preparó y enseñó mensajes semanales, incluyendo *Señales de Apostolado* y *Lázaro y El Hombre Rico*. Gradualmente aumentó sus reuniones a dos y luego a tres cada semana. A mediados de la década de 1990, predicaba regularmente, dentro del Oficio de Profeta y como Maestra de Doctrina Apostólica. Viajó a África por primera vez en 1992, donde fue llamada al oficio de evangelista. Después de eso, se mudó al Oficio de Pastora.

LEM publica y difunde literatura cristiana, tanto impresa como en línea, a personas de todo el mundo a través de su sitio web, y conferencias en video gratuitas a través de su canal de YouTube.

LEM también dona un porcentaje significativo de sus ingresos a organizaciones que abogan por los valores cristianos, defienden la Constitución de los Estados Unidos y brindan servicios sociales a las personas más necesitadas.

ESCRITOS Y TRABAJOS RECIENTES

El trabajo característico de Sheila Vitale son los tres volúmenes de *La Biblia de Traducción Alternativa*: *La Traducción Alternativa del Antiguo Testamento*, *La Traducción Alternativa del Nuevo Testamento* y *La Traducción Alternativa del Libro de Apocalipsis*. *La Biblia de Traducción Alternativa* es una traducción esotérica de la Escritura, y no pretende reemplazar las traducciones tradicionales. *El Libro de Apocalipsis* y varios otros libros escritos por la pastora Vitale han sido traducidos al español.

Las versiones en carpeta blanda y digital de los libros de la pastora Vitale están disponibles en Amazon.com y en el sitio web oficial de *LEM*. También tiene un sitio web *de autor* que muestra todos sus libros, así como varias fotografías de ella con una breve biografía.

También ha escrito extensas reseñas de películas, programas de televisión y obras de teatro que se basan en principios espirituales, como <u>The Matrix</u>, <u>The Edge of Tomorrow</u> y <u>Wicked</u>. La pastora Vitale también analiza las tendencias sociales modernas en vista de la Escritura y, en esa línea, revisa los medios que se ocupan de la familia y la cultura, como la serie de televisión, *Los Sopranos*. También escribe para el *LEM Blog*. También ha entregado cientos de mensajes, muchos de los cuales han sido transcritos y se pueden ver de forma gratuita en el sitio web de *Living Epistles*.

Las enseñanzas grabadas en video de la pastora Vitale se pueden ver, de forma gratuita, en el canal LEM *You* Tube, y en el canal *de YouTube Short Clips by Sheila R. Vitale*, donde publica mensajes cortos y enfocados que promedian 15 minutos cada uno.

LA PASTORA VITALE HOY DIA

Sheila Vitale cumple una variedad de funciones eclesiásticas, educativas y administrativas desde su sede en Selden, Nueva York. Operando en los Oficios de Evangelista, Profeta, Maestra de Doctrina Apostólica y Pastora. Continúa entregando sus poderosos mensajes sobre una variedad de temas, desde reseñas de películas y comentarios sociales hasta errores doctrinales, interpretaciones esotéricas de las Escrituras, Fundamentos Espirituales Cristianos, Filosofía Espiritual, Salvación, Fe, Verdad, Juicio y Guerra Espiritual.

Ha dedicado su vida a estudiar y a enseñar principios espirituales cristianos, y continúa enfocándose diariamente en estudiar, enseñar y escribir. También es una persona filantrópica que apoya a numerosas organizaciones caritativas, incluyendo *Feed the Children, Judicial Watch, World Vision* y *Lighthouse Mission*. También apoya a grupos locales como el Departamento de *Bomberos de Terryville*. En su tiempo libre, a la pastora Vitale le gusta ver películas, asistir a obras de teatro y participar de recetas de cocinas de diferentes culturas. Ávida viajera, ha visitado numerosos países de Europa y África, así como muchas ciudades de los Estados Unidos.

La pastora Vitale continúa administrando *Living Epistles Ministries* y escribiendo y enseñando *La Doctrina de Cristo hoy día*.

Living Epistles Ministries
Sheila R Vitale,
Pastor, Teacher & Founder
Judeo-Christian Spiritual Philosophy
PO Box 562, Port Jefferson Station, New York 11776, USA
LivingEpistles.org *or* Books@LivingEpistles.org

www.ingramcontent.com/pod-product-compliance
Lightning Source LLC
Chambersburg PA
CBHW070806100426
42742CB00012B/2264